사회학자의 눈에 비친 **먼나라 이웃나라**

지구촌 문화의 빛과 그림자

사회학자의 눈에 비친 먼나라 이웃나라

지구촌
문화의 빛과
그림자

사회학자의 눈에 비친 **먼나라 이웃나라**

지구촌 문화의 빛과 그림자

이효선 지음

마드리드 전의 스페인에서 오랫동안
수도역할을 했던 톨레도 시의 전경

지식공감

Contents

　여기에 내놓은 글은 지난 4년 동안 지구상의 26곳을 여행하며 틈틈이 써 놓은 기행문을 한데 묶어 본 것이다. 책을 낼 계획을 미리 세웠다면 세계 여러 곳을 골고루 다녀 중요하다고 생각하는 나라들을 망라했을 터인데 그렇게 못한 것만 봐도 알 수 있다. 이 책은 우리에게 익숙한 미국, 영국, 일본 등에 관한 여행기는 빠지고 지구촌 다른 문화권의 역사, 사회, 문화에 대한 이야기로 채워져 있다. 우리는 현재 세계화를 이끌어 나가는 주요국에 대해서는 어느 정도 알고 있다. 하지만 세계가 지금 어떻게 돌아가고 있는가에 대해 큰 그림을 얻으려면 잘사는 나라들은 물론이고 변방이나 주변에서 고통받고 있는 나라들도 동시에 가 보는 것이 좋을 것 같은데, 그런 점에서 이 책은 의미가 있다고 생각한다.

　또 하나. 이 여행기 묶음이 독자에게 주려는 메시지는 이 세상에 완전한 사회는 없다는 점이다. 모든 나라가 빛과 그림자, 양지와 음지, 햇빛과 그늘을 동시에 가지고 있다. 이 점에서는 이른바 잘나가는 나라와 그렇지 못한 나라 사이에 차이가 없다. 복지가 잘되어 있는 북유럽 나라들도 다른 나라들이 가지고 있지 않은 사회문제들을 가지고 있다. 내가 여행을 떠났을 때 정치, 경제, 사회, 문화, 각 분야가 조화롭고 균형 있게 변화해가고 있는 나라는 없었다. 아르헨티나와 스페인은 경제적 위기에 처해 있었고, 남미 각국은 만성적인 양극화로 고통받고 있었다. 뒤늦게 자본주의 체제에 합류한 동구권은 체제 적응에 어려움을 가지고 있었고, 한창 잘나간다고 하는 중국도 문화 지체 현상이 심각하였다.

21세기의 세계화 시대에 세계 여러 나라는 상호의존의 관계가 심화되면서 점점 좁아지고 있다. 맥루한의 '지구촌Global village'의 용어가 나오면서 통신의 발달로 일체화된 세계가 유행하더니 유엔은 거기다 '우리의 세계 이웃Our global neighborhood'이란 말까지 만들어 친밀성까지 덧붙였다. 확실히 우리는 지금 교통·통신의 발달로 공간과 시간이 축약된 지구촌 시대에 사는 것은 분명하다. 그러나 우리가 아무리 지구촌 시대에 살고 있다고 하더라도 먼 곳은 역시 멀게 느껴져서 근접성을 실감하지 못할 수도 있었다. 친밀성 역시 자주 느끼기가 쉽지 않았다. 남미는 역시 멀었고, 친밀성을 구태여 찾아보려고 하면 상트페테르부르크의 겨울궁전과 서안의 병마갱용, 그리고 바르셀로나의 성가족성당과 구엘 공원에서 세계 각지에서 온 관광객이 한데 섞여 공통의 주제에 관해 가이드의 설명을 들을 때, 또 그들의 시선이 한곳에 집중되었을 때 나는 어렴풋이 친밀성을 느낄 수 있었다.

또한 구차한 변명을 한 가지 더 해야겠다. 사회학을 전공했다고 해서 남들과 다른 독특한 시각을 가지고 있는 것도 아니다. 사실 하루나 이틀 만에 한 나라를 파악하는 것은 거의 불가능하다. 더구나 국가와 사회를 엄밀히 구별할 때 더욱 그렇다. 사회는 사회간접자본과 같은 물적 토대를 하부구조로 하는 많은 지역공동체의 집합체이고, 그 속에 교육제도 등 각종 제도가 엮어져 있으며 성원들은 동일한 생활방식과 언어를 가지고 있다. 그리고 좀 더 내면적으로 들어가면 민족의식, 사회의식과 같은 정신세계가 있다. 이 모든 것이 문화의 요소가 되고 있다. 반면에 국가는 간단히 말해서 특정 사회를 정치적으로 통치하고 있는 정치적 단위이다. 사회는 국가를 끊임없이 견제하는데, 이의 가장 대표적인 예가 프랑스 사람들이 자신들의 왕인 루이 16세를 콩코드 광장에서 처단한 프랑스 혁명이다.

한국의 경우는 4.19 학생의거와 광주항쟁을 거쳐 1987년 6월의 민주화 운동을 겪으면서 사회세력이 더욱 강해졌다. 말하자면 한국 사회는 시민사회로 거듭나면서 더욱 성숙해졌다고 볼 수 있다. 이런 관점에서 이 책에 있는 나라들을 보면 라오스, 모로코, 중국, 러시아, 남미 각국은 사회보다는 국가의 힘이 더 강하고, 스페인, 포르투갈, 홍콩, 북유럽 국가들은 보다 안정된 시민사회가 정착된 나라라고 볼 수 있다. 홍콩과 중국 간의 갈등도 이런 시각을 가지고 있으면 조금 더 쉽게 이해할 수 있을 것이다. 이처럼 한 나라를 간단히 분석해 보는데도 이렇게 복잡한데 마치 사회학자로서 이 나라들을 꿰뚫어 보는 것처럼 이런 방식으로 책을 낸 데 대해 부끄럽기 짝이 없음을 솔직히 고백하지 않을 수 없다. 다만 거의 대부분의 여행 기행문이 간단한 설명과 사진 위주로 짜여 있어서 이에서 조금 벗어나고 싶었을 뿐이다.

이런 졸작을 이나마 내놓게 된 데에는 그동안 많은 분들의 성원과 격려가 있었다. 普成 동창생들의 인터넷 49카페에 들어와 글을 읽고 나가는 친구들, 여행하고 돌아올 때마다 글을 보내달라고 하는 일부 대학 동창생들과 경향신문 9기 모임인 경구회 회원들에게 감사를 드린다. 중앙대에서 비슷한 시기에 퇴직한 교수님들의 모임인 금사회와 중앙대 사회학과의 후배 교수들에게도 고마움을 전하고 싶다. 후배 교수들이 마련해준 중앙사회학연구소의 덕을 이번에 톡톡히 본 셈이다. 또 내가 오랫동안 재직했던 중앙대 사회복지학과의 후배 교수들, 그리고 전국에 흩어져 있는 제자 교수들에게 이 기회에 고마움을 표하고 싶다.

그런데 지난 4년 동안 70대 중반에 이르러도 건강하게 계속 여행을 다닐 수 있도록 한 데에는 테니스 동호회의 기여가 가장 크다고 할 수 있다. 특히 40년 전통의 구반포 한샘 테니스 클럽의 20명의 회원들에게 특별한 감사를 드린다. 매주 토요일과 일요일 오후 그들과 만나 테니스를 즐기고 저녁을 먹으면서 나누는 담소는 내 인생 후반기 최대의 활력소라 아니할 수 없다. 또한 최근 나가게 된 양재역 시민의 숲 코트의 무수회와 무명회 회원들에게도 고마움을 전하고 싶다. 뿐만 아니라 7명의 고교 동기생들로 이루어진 수월회라는 등산팀도 나의 건강을 지켜주는 데 크게 기여했음은 말할 필요도 없다.

또한 특별히 이 기회에 개인적으로 감사를 전하고 싶은 분들이 있다. 인터넷 49카페에 글을 올려 많은 사람들이 수 백회 이 졸문을 보고 가게 하는 데 큰 역할을 한 김중근 학형과 남미 여행기의 교정을 꼼꼼하게 봐준 중앙대 명예교수인 신상웅 교수님에게 감사를 드린다. 또한 중앙대 사회학과의 제자들, 학부생과 대학원생이 아니었다면 아마 처음부터 이런 방식으로 글을 쓰지 않았을지도 모른다. 그중에서도 인천대 김판수 박사는 오타나 잘못된 문장도 지적해 주어 고마움을 느낀다. 또한 별 수익을 기대할 수 없으면서도 이 책을 내도록 결심해준 도서출판 지식공감 김재홍 대표님과 편집위원에게 감사를 전한다. 마지막으로 서동구 전 스카이 라이프 사장님의 격려가 없었다면 애당초 이 글들을 엮어서 책으로 낼 엄두를 못 냈을 것이다. 더구나이 책의 제목까지 손수 붙여주신 데 대해 특별하고도 깊은 감사를 드린다.

이 조그만 여행 기행문을 나의 아내와 딸에게 바친다. 만일 아내의 취미가 여행이 아니었다면 이 책이 과연 나올 수 있었을까 하고 가끔 생각해 본다. 십중팔구 어려웠으리라고 생각한다. 셋이서 때로는 둘이서 여행을 하다 보니 그동안 거의 50개국에 가까운 나라들을 돌아볼 수 있었다. 이 중 마지막 반에 달하는 나라들의 이야기가 이 책으로 나온 것이다. 내용의 정확성을 위해서는 언제나 신경을 썼지만, 특히 각종 수치가 출처에 따라서 다르게 나오는 것은 어쩔 수 없었다. 또한 문화의 핵심에는 한 나라의 의·식·주가 포함되어야 하는데 이 책에서는 거기까지 손이 못미쳐 독자들의 양해를 구하고자 한다. 여하튼 늦게나마 이렇게 나온 것을 다행으로 여기면서 여기서 붓을 놓으려고 한다.

흑석동 중앙사회학 연구소에서
2014년 10월 30일

사회학자의 눈에 비친 먼나라 이웃나라

지구촌 문화의 빛과 그림자

01

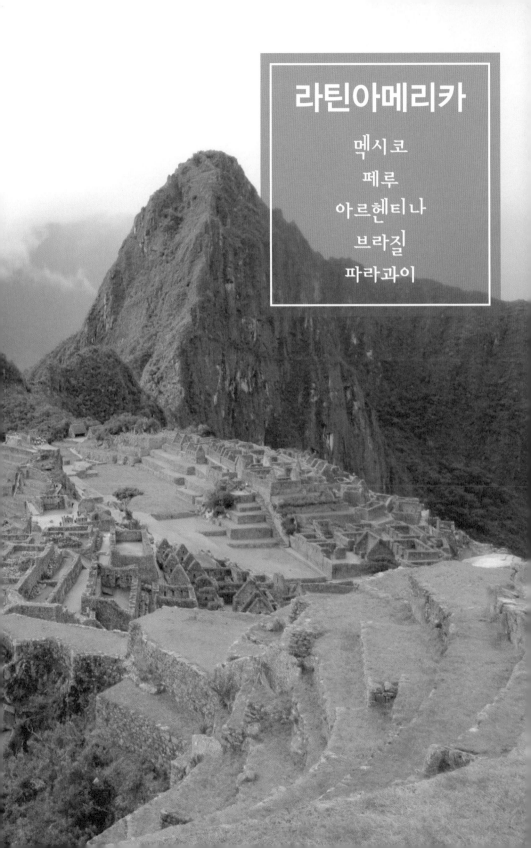

라틴아메리카

멕시코
페루
아르헨티나
브라질
파라과이

남대서양

리우데자네이루
Rio de Janeiro

이스파라 부산투

상파울루

쿠리치바
Curitiba

이구아수 폭포
Iguazu Falls

마투그로수 수루부

아순시온
Asunción

파라과이

산타 카타리나

포르투 알레그리
Porto Alegre

포토시
Potosi

살타
Salta

안토파가스타
Antofagasta

칠레

산티아고
Santiago

부에노스 아이레스
Buenos Aires

하우리반 자우송

우루아이

몬테비데오
Montevideo

바이아블랑카
Bahia Blanca

아르헨티나

발디비아
Valdivia

코모도리 바다비아
Comodoro
Rivadavia

우수아이아
Ushuaia

남태평양

양극화에 시달리는 중·남미를 보고 와서

　남미는 역시 멀었다. 13일 동안의 여행 기간 중 비행기를 열두 번이나 탔으니 지구상 어디를 돌아다녀도 그러한 곳은 없을 것이다. 그것도 미국을 제외하면 멕시코, 페루, 아르헨티나, 브라질, 파라과이 다섯 나라만 보는데도 그랬으니 두세 나라를 더 보려면 비행기를 20여 차례나 타야 하는 가히 살인적인 여행 일정이라 아니할 수 없다. 여행하는 동안 가끔 유럽이나 미국에서 온 관광객과 이야기할 기회가 있었는데, 그들은 한 나라를 1주일 또는 2주일씩 보고 간다고 해서 속으로 창피함을 느낀 적이 몇 번 있었다. 우리는 여행도 '빨리빨리 문화'의 일환으로 단기간에 많은 나라를 후다닥 보는 것을 가장 효율적으로 생각하는 것 같아 쓴웃음을 짓지 않을 수 없었다.

　이번 남미 여행 역시 한국식의 '후다닥 관광'에서 벗어날 수 없었지만 남미에 대한 몇 가지 의문점 때문에 하루빨리 가서 현지를 직접 보고, 느끼고 싶었다. 남아메리카는 한때 한국 사회과학도들에게 사회과학이론의 풍부한 보고였다. 남미는 종교도 현실 문제에 깊이 개입해야 한다는 사회적 기능을 강조한 해방신학의 근원지이며 종속이론 역시 이곳에서 출발하였다. 과거 식민지를 경험한 나라는 결코 발전할 수 없다는 이론에서부터 종속 상태에서도 발전할 수 있다는 종속적 발전 이론을 거쳐, 독립했다 하더라도 경제적, 군사적으로 종속된 경우를 일컫는 신식민지 이론 등 다양한 종속이론은

질풍노도의 시대를 경험한 80년대는 물론 90년대 말까지 한국의 사회과학계를 풍미했다.

어디 이뿐인가? 산업화가 성공적으로 이루어진 뒤에는 대체로 민주주의 시대가 도래한다는 기존의 정치학 이론에 도전하는 관료적 권위주의 이론도 제5공화국의 출현과 맞물려 한국 사회에서 반짝 꽃을 피우기도 했다. 도대체 이 많은 이론들이 나오게 된 역사적, 정치적, 사회적 배경은 무엇인가? 짧은 여행 기간 동안 그에 대한 해답을 얻을 수는 없겠지만 어렴풋이 그 실마리를 잡을 수 있기를 바랐다. 또한 전 세계에서 반미 감정이 가장 강한 곳이 남아메리카인데 그 이유를 조금이라도 파악할 수 있을지 궁금했다. 쿠바의 카스트로에 대해서는 미국이 그 정권 자체를 인정하지 않았고, 칠레의 경우는 다국적기업의 이익이 걸려 있던 구리 광산을 아옌데 사회주의 정권이 국영화할까 봐 미국이 그 집권 자체를 좌절시킨 흔적이 있지만 최근에 죽은 베네수엘라의 차베스의 반미 행동은 도무지 이해하기 어려웠던 것이 사실이었다.

이런저런 의문점을 가지고 2013년 3월 13일 오후 8시 반, 밤 비행기에 올랐다. 우선 공항에서 3시간 체류이기는 하지만 LA를 다시 가 본다는 데 마음이 설렜다. 거의 44년 전 비행기 위에서 본 휘황찬란하면서도 광활하기 짝이 없는 LA 야경이 지금도 눈에 선하다. 1969년, LA에서 1년의 거주 경험이 있다. 낮에는 공장이나 상점에서 일하고, 밤에는 야간 대학에서 졸린 눈을 부릅뜨고 강의를 들었다. 그 이후 대여섯 번 미국에 갔지만 나의 특별한 감흥이 어려 있는 이 도시를 다시 가 본다니 조금 들뜰 수밖에 없다. 그러나 거의 11시간 만에 LA에 도착한 후 이런 내 감정은 수많은 관광객들 틈에 섞여 공항 검색대를 통과하는 데 지쳐 짜증과 불평으로 바뀌었다. 그도 그럴 것이 내가 마지막으로 미국을 떠난 것이 2000년 12월이었으니 이듬해 9.11 이후 미국 입국 수속은 아주 많이 번거롭게 변해 있었기 때문이다.

마침내 입국 수속이 끝났을 때는 멕시코시티로의 환승 시간이 얼마 남지 않아 공항 구경도 하지 못한 채 서둘러 비행기를 갈아탔다. LA에서 멕시코 시티까지 4시간이 채 안 걸리지만 이것 역시 밤 비행기라 거의 자정이 가까워서야 멕시코시티에 도착하면서 겨우 중남미 여정이 시작되었다. 다음 날 아침 대통령궁, 소깔로 광장 등 시내 관광에 나섰다. 미국 바로 아래 위치한 중앙아메리카에서 멕시코는 그 면적이 남한의 20배, 인구는 약 일1억 1천 5백만 명, 2012년 현재 1인당 국민소득이 약 10,247달러나 되는 비교적 큰 나라이다. 특히 수도인 멕시코시티의 인구는 3,000만으로 알고 있었는데 현지 가이드는 2,700만이라고 하였다. 여하튼 세계에서 가장 인구가 많은 수도임에는 틀림이 없다. 원래 멕시코시티는 광대한 호수 위로 돌출한 섬들을 메워 만든 도시라 지반이 약하다고 한다. 그래서 소깔로 광장의 대성당도 조금 기울었다고 한다.

소깔로 광장은 사방 240m의 사각형 모양으로 시민들과 관광객이 한데 섞여 적지 않게 모여 있었는데 대통령궁과 1570년부터 1620년 사이에 지어진 대성당이 광장을 둘러싸고 있었다. 소깔로 광장 일대는 원래 스페인 지배층

왼쪽이 조금 기울었다고 하는 소깔로 광장에 있는 대성당

테오티와칸에 있는 아즈텍 문명의 태양의 신전

이 거주했던 곳으로 고풍의 건물이 많으며 현재는 관공서가 많이 밀집해 있다. 멕시코의 인종 구성은 인디오라 불리는 스페인 사람과 인디안 혼혈인이 60%, 인디안이 25%, 백인이 8%, 기타가 7%라고 한다. 정확한 정보인지는 모르지만 대체로 멕시코인들의 한 달 급여 수준은 고졸이 원화로 30~40만 원, 대졸이 80~100만 원 수준이며, 특히 인디오 중에 극빈층이 많은데 이들은 하루 1~2달러로 연명한다고 한다. 또한 1년에 빈곤층의 30만 명이 월경을 해서 미국으로 들어간다고 하니 불법 이주자들의 심정을 이해할 수 있을 것 같았다.

반면에 포브스 발표에 의하면 세계 제일의 부자는 카를로스 슬림이라는 멕시코인이라고 하니 이런 사실이 멕시코의 엄청난 빈부격차를 상징적으로 보여주고 있다. 1인당 국민소득이 적지 않음에도 불구하고 상위 계층 한 자리 숫자의 유럽에서 이주해온 백인들이 국부의 대부분을 차지하고 있음은 말할 필요도 없다. 대체로 마야와 아즈텍 문명의 후예들의 생활수준은 크게 개선되고 있지 않은 듯하다. 이번 여행에서 유네스코에 의해 세계문화유산으로 등재되어 있으며 멕시코 남동부의 유카탄 반도에 그 유적이 남아 있는 마야 문명1438~1533은 보지 못했다. 정말 안타까운 일이다. 대신 멕시코시티 북쪽으로 약 50km 떨어진 테오티와칸에서 발생한 아즈텍 문명의 유적은 비교적 자세히 볼 수 있었다. 이집트의 피라미드보다는 약간 작지만 거대한 피라미드의 모습을 하고 있는 태양의 신전 테오티와칸에 있는 아즈텍 문명의 태양의 신전과 달의 신전을 중심으로 아즈텍 문명의 고대도시가 형성되었다.

그런데 이 유적지의 역사는 기원전 600년으로 거슬러 올라가지만 누가 이 거대한 피라미드를 지었는지는 미스터리로 남아 있다. 다만 7세기경에 화재로 인해 거주자들은 떠나고, 아즈텍인들은 이 유적들이 인간이 아닌 신이 지은 도시라고 생각하여 숭배했다고 한다. '사람이 신으로 되는 장소'를 뜻하는 테오티와칸과 세 유적지의 명칭 역시 아즈텍인들이 붙였다고 한다. 해발 2,200m의 테오티와칸에 있는 세 유적지의 총면적은 540만 평으로 태양의 신

전, 달의 신전, 사자 死者의 길이 있다. 기원전 1세기경에 건축된 것으로 보이는 태양의 신전이라 불리는 피라미드는 높이가 63m, 한 변의 길이만 225m에 이르는 엄청난 규모로 후세 학자들은 3,000여 명이 30년은 작업한 결과일 것으로 추정하고 있다. 태양의 피라미드 아래에서 발견된 긴 터널 형태의 동굴은 작은 방들로 세분되어 있는데 종교적 기능을 가지고 있다고 한다.

달의 신전은 태양의 신전보다 그 규모가 조금 작아 높이가 42m, 밑변이 가로 150m, 세

달의 신전과 그 앞의 큰 길이 사자 死者 의 길이다

차창에 비친 멕시코의 달동네.
뒷산 밑에도 멀리 달동네가 보인다

로 120m로 웅장한 태양의 신전보다는 아름답고 섬세한 면이 있다. 나는 두 피라미드를 모두 올라가 봤지만 달의 신전에 있는 계단은 경사가 너무 가팔라 밧줄을 잡고 오르내릴 수밖에 없었다. 더욱 섬뜩한 것은 달의 신전은 제사장이 사람의 심장을 도려내 제단에 바치는 인신공양의 장소로 쓰였다는 것이 생각나 빨리 내려오고 싶었다. 달의 신전 위에서 보면 좌측에 태양의 신전이 있고 아래로는 3.2km에 걸쳐 사자의 길이 쭉 뻗어 있다. 16세기 스페인 정복자들과 함께 이곳 테오티와칸에 왔던 한 선교사는 제단에 올려질, 주로 포로들인 제물용 인간들이 이 길을 따라 줄지어 서 있었다고 기록하고 있다.

물론 초기의 아즈텍 문명과 톨테카 문화에 이어 13세기와 15세기에 걸쳐 꽃피었던 아즈텍 제국 사이에는 차이가 있지만 결국 아즈텍 문명도 철갑과 대포로 무장한 스페인의 코르테스 군에게 멸망당한다. 처음에 코르테스는 사람을 제물로 바치는 종교를 없애고 대신 기독교를 자리 잡게 하려 했지만 아즈텍의 왕과 사람들은 그에 반대했고, 결국 전쟁에 져서 멸망한다. 이후 1521년부터 1821년까지 300년 동안 멕시코는 스페인에 지배당한다. 과거 조상들의 나쁜 풍습을 제외하면 멕시코인들은 순박해 보였다. 사자의 길에서 만난 멕시코의 남녀 학생들은 동양인들에게 굉장한 호감을 가지고 있어서 동양인 관광객들과 사진 찍기를 좋아하였다.

멕시코는 60년대에는 7%의 경제성장을 이루면서 1968년에는 올림픽을 유치하고 월드컵도 두 차례나 개최했지만 지도층을 비롯한 기득권층의 부패로 가난이 대물림되고 있다. 특히 테오티와칸으로 오는 도중에 목격했던 멕시코의 달동네는 정말 충격적이었다. 버스 차창에 비친 산 위의 달동네는 가도 가도 끝이 없어 보였다. 2,700만 멕시코시티의 인구 규모 때문인가, 곳곳이 낙서로 얼룩졌다고 하는 달동네는 오랫동안 개발되지 못한 채 엄청난 수의 빈곤층이 살고 있었다. 이런 달동네의 모습은 멕시코뿐만 아니고 남미의 모든 나라에서 볼 수 있었다. 이제 중앙아메리카에서 남아메리카로 떠날 때가 되었다. 첫 목적지는 페루의 리마이고 오후 4시 50분 비행기가 이륙, 약 5

식당에서 내려다 본 쿠스코시 중심부의
아름다운 아르마스 광장

돌의 나라라고 할 정도로
페루인들의 석축 기술은 놀라웠다

시간 30분이 걸려 밤 11시 리마에 도착해서 호텔로 들어갔다.

페루 역시 남한의 13배, 한반도의 6배나 되는 큰 나라이고 아마존 밀림의 10%를 차지하고 인구는 약 3,000만, 그중 1,000만이 수도 리마에 살고 있다. 1인당 국민소득은 2012년 현재 약 7,135달러라고 하지만 한국의 70년대 수준이라고 가이드는 소개한다. 그러나 고산지대의 페루는 잉카문명의 발생지이며 무엇보다도 해발 2,400m에 있는 공중도시 마추픽추를 가지고 있다. 마추픽추는 남미 여행의 볼거리 가운데 이구아수 폭포와 함께 가장 많이 화제에 오르는 곳이다. 마추픽추에 가기 위해서는 우선 잉카문명의 수도였던 쿠스코로 가야 하는데 쿠스코는 리마에서 비행기로 1시간 20분 걸리는 페루의 남쪽에 있다. 리마 관광은 마추픽추를 본 다음 하기로 하고 아침 일찍 비행기로 쿠스코에 도착, 조금 이른 점심을 든 후 도시 관광에 나섰다.

그런데 2층 식당에서 내려다본 쿠스코 중심부의 아르마스 광장은 정말 아름다웠다. 라꼼빠냐 성당과 멀리 산토도밍고 성당이 보이고 뒤로는 산이 둘

쿠스코 시내에 있는 산토도밍고 성당

러싸여 있었는데 가운데 아늑하게 자리 잡은 광장은 꽃과 모이를 줍는 비둘기들, 그리고 삼삼오오 떼 지어 구경 다니는 관광객들로 평화로우면서도 활기차 보였다. 그러나 이곳도 남미의 다른 곳과 마찬가지로 산 위엔 저소득층이 살고 있었다. 인구 35만의 쿠스코 시는 관광도시로 번창하고 있는 듯 보였고 특히 우리나라 소형차인 티코가 자주 눈에 띄었는데 약 3,000대 이상이 운행되고 있다고 한다. 우리나라 제품을 볼 수 있는 곳은 이곳만이 아니다. 멕시코시티 공항과 리마 공항 내의 텔레비전은 모두 삼성과 LG 제품들이 걸려 있어서 이 또한 공항을 오고 가는 한국 관광객들에게 큰 자부심을 갖게 했다.

쿠스코는 페루 원주민의 말로 배꼽이라는 의미로 그것은 고대 잉카의 수도로서 제국의 중심부 역할을 한 쿠스코에 걸맞은 말이다. 해발 3,360m의 안데스 산맥에 자리 잡고 있는 쿠스코에서 가장 유명한 곳은 산토도밍고 성당이다. 1538년 쿠스코에 들어온 가톨릭 신부들이 태양의 신전인 코리 칸 차 Qorikancha를 허물고 성당을 세운 것이 산토도밍고 성당인데 1950년 대지진 때 성당은 붕괴되었지만 신전의 토대인 석조만은 하나도 뒤틀리지 않아서 잉카 석조 기술의 우수함을 나타냈다고 한다. 잉카 문명의 석축 기술의 우수함은 삭사이와망 요새를 보면서 다시 한 번 확인할 수 있었다.

삭사이와망은 잉카인들이 외적의 침입을 막기 위해 수천 개의 큰 돌을 쌓아 만든 요새이다. 이 요새의 건설에는 하루 2만 명의 인원이 동원되어 83년이나 걸렸다고 하는데, 가장 큰 돌의 높이는 9m, 무게는 350t이라고 하니 그 규모가 엄청난 것임을 알 수 있다. 그러나 이렇게 튼튼한 요새에도 불구하고 잉카제국의 멸망은 막을 수 없었다. 스페인이 잉카를 무너뜨린 후 프란시스코 피사로로 하여금 꼭두각시 정권을 맡게 해서 많은 협조를 받았지만 그도 나중에는 스페인에 등을 돌리기 시작했다. 결국 잉카제국의 마지막 왕의 아들인 망꼬잉카는 군대를 규합해서 이곳 삭사이와망에서 스페인과 혈전을

잉카 제국의 군대와 스페인군이 혈전을 벌였던 삭사이와망 요새

벌였으나 대패했다. 이 전투에서 피사로의 동생들도 전사하고 3만 명의 잉카 군이 목숨을 잃은 끝에 안데스 산속의 빌카밤바로 도주, 임시 수도를 정했으나 스페인 군의 추격으로 잉카제국은 결국 막을 내렸다. 잉카의 역사에서 1533~1572년은 저항의 시대였다.

쿠스코에는 돌을 쌓아서 지그재그식으로 미로를 만들어 놓고 그 속에서 왕이 참석한 가운데 제례를 지냈다는 켄코와 해발고도 3,765m에서 잉카제국의 왕들이 세정식을 하던 탐보마차라는 곳도 있었다. 일종의 성스러운 목욕탕으로 건기나 우기 때 항상 일정한 양의 신선한 물이 흘러내려 옛날부터 그 물줄기의 근원을 찾아보려 했다고 한다. 또 위의 물은 제사장이 몸을 닦는 곳이고, 아래 두 물은 하나는 남자, 다른 하나는 여자가 몸을 닦는 곳이라는 말도 있다. 잉카 사람들은 말은 있었으나 문자를 못 가져 잉카 문명의 일부분은 추정에 지나지 않을 뿐이다. 쿠스코시나 탐보마차 모두 고산지대에 있으나 활동하는 데 큰 지장은 없었다. 목적지 근처에 버스가 많이 접근할수 있기 때문이다. 그렇다고 아주 영향이 없는 것은 아니다. 평소에 잠을 잘자던 사람도 밤에 한두 번 깼다고 하며 우리 일행도 우르밤바에서 이틀간 머무는데 모두 같은 경험을 하였다. 둘째 날은 드디어 마추픽추에 올라가는 날이었다.

우르밤바 숲속의 호텔에서 이튿날 날씨가 흐린 가운데 마추픽추에 가기 위해 승합버스에 올랐다. 30분 뒤 역에 도착, 열차를 타고 1시간 30분을 가서 다시 30분 동안 버스를 타고 올라가야 겨우 산 밑에 도달할 수 있는 여정이었다. 거기서부터 마추픽추까지는 그렇게 어렵게 느껴지지 않았다. 그렇다고 아주 쉬운 등산길도 아니었다. 왜냐하면 고산지대로 숨이 차기 때문이다. 올라가기 두 시간 전에 한국에서 처방을 받아 가져온 고산증에 대한 알약을 반개만 먹고 올라갔다. 그런데 마추픽추의 해발고도는 쿠스코보다 낮은 2,400m이다. 다만 차로 가까이 접근할 수 없기 때문에 힘들 뿐이다. 숨을 헐떡이며 정상에 도착해서 내려다본 공중도시는 정말 감동 그 자체였다. 왜 마추픽추가 세계 7대 불가사의 중의 하나인지 알 것 같았다. 우중이라 시야가 뿌옇고 확실하지 않지만, 이 정상에 이런 곳이 있다니 믿기지 않았다. 구름과 안개가 산봉우리를 휘감을 것 같더니 곧 사라지기도 해서 더욱 신비롭게 느껴졌다. 그러나 계속 내리는 비와 새하얀 구름만 없으면 얼마나 좋을까 하는 생각도 들었다.

마추픽추는 오랫동안 감춰졌다고 해서 '잃어버린 도시'라고 하고, 또 아래에서 보면 도무지 안 보이고 산 정상에서나 보여 '공중도시'라고도 불린다. 1911년 하이람 빙햄Hiram Bingham, 1875~1956 예일대 교수에 의해서 발견된 마추픽추는 유네스코 세계문화유산에 등재되어 있다. 후아야나픽추 산과 마추픽추 산이 맞닿는 곳의 경사에 있고 깊은 협곡 아래로는 우르밤바 강이 넘실거리며 흐르고 있어 이 공중도시에의 접근을 어렵게 하고 있다. 도대체 마추픽추의 정체는 무엇인가? 최근의 연구에 의하면 이곳은 잉카제국의 왕궁 또는 왕실의 거주지로 추정되고 있다. 쿠스코보다 저지대에 위치한 마추픽추는 겨울에 훨씬 따뜻하고 열대과일도 얻을 수 있는 곳이다. 마추픽추는 또한 사제들이 태양, 신성한 산들, 그리고 자기들 종교의 다른 신들을 경배하기 위해 종교적 의식을 행하던 신성한 곳이라고 한다.

지구촌의 빛과 라틴아메리카
문화의 빛과
그림자

위로는 산, 아래로는 강이 굽어보고 있는 마추픽추

라마가 한가로이 풀을 뜯고 있는 마추픽추의 또 다른 모습

비가 오는 가운데 관광객들이 마추픽추
내부를 관람하고 있다

　처음 한 소년을 따라 올라가 이 유적지를 발견한 빙햄 교수도 얼마나 놀랐
는지를 『잉카의 잃어버린 도시』라는 그의 책에 기록해 놓았다. 마추픽추에
서 쓰인 돌들은 그곳에서 수십 킬로 떨어진 곳에서나 발견됐다고 하는데 어
떻게 그 육중한 수많은 돌들을 그곳까지 운반해 놓았으며 묘한 지형과 함께
정교한 배수로 등의 석축 기술에 대해 감탄을 금치 못했다고 한다. 또한 마
추픽추가 쿠스코에서 멀리 떨어져 있고 산 정상에 위치해 있어 스페인군들

리마에 있는 페루 독립의 영웅을 기념하는 산마르틴 광장

의 파괴로부터 살아남았지만 마추픽추의 사람들이 언제, 어떻게, 무슨 이유로 그곳을 떠났는지 아직도 알려지지 않아 세계 7대 불가사의의 하나로 남아 있다. 가장 중요한 마추픽추가 건축된 시기도 1450년 또는 2000년 전이라는 등 설이 많다. 페루 정부와 예일 대학의 지원을 받아 빙햄 교수는 수차례 탐험 끝에 수백 개의 청동제품과 도자기 등을 발굴했다. 뿐만 아니라 조각난 것이기는 하지만 173구의 시신의 잔해도 발견했는데 이 중 150구는 여자, 23구는 남자라고 해서 이것도 아직 논란의 대상이 되고 있다.

버스와 열차로 우르밤바에 다시 돌아와 하룻밤을 더 자고 쿠스코로 돌아온 길은 멀고도 험난했다. 꾸불꾸불한 길을 달려 높은 산을 올라가면 다시 S자 길로 산을 내려오기를 몇 번. 그렇게 쿠스코로 돌아왔다. 쿠스코에서 다시 비행기를 타고 1시간 20분 만에 리마 공항으로 돌아와 페루의 수도를 잠시나마 볼 기회가 생겼다. 페루 독립의 영웅인 산마르틴을 기념하는 광장과 대통령궁을 보고 태평양이 내려다보이는 미라 플로레스 지역에서 커피를 마시며 시간을 보냈다. 그리고 아모르 공원을 관광하고 저녁을 먹으러 갔다. 오랜만에 한식으로 포식을 해서 모두 피로가 엄습해오는 표정들인데 아르헨티나의 부에노스아이레스에 가기 위해서는 또 밤 비행기를 타러 가야한다. 드디어 남미 아래로 깊숙이 내려갈 때가 왔다.

아르헨티나! 우여곡절이 많은 것이 인생이듯이 아르헨티나는 굴곡이 많은 나라이다. 리마에서 아르헨티나의 부에노스아이레스까지는 다섯 시간이 채 안 걸렸지만 러시아워는 피할 수 없었는데, 다행히 생각보다 차가 밀리지 않아 지루함을 덜 수 있었다.

한국서 멀리도 왔다. 한국과의 시차는 12시간으로 낮과 밤이 바뀔 뿐이다. 3월 말인데 기후는 초가을 날씨이다. 남미는 11월부터 3월 말까지가 우기로 마추픽추에서도, 또 이구아수 폭포에서도 비를 만났다. 겨울인 7월과 8월은 춥다고 한다. 이 나라 역시 한국의 약 28배로 땅이 넓고 자원도 풍부한 나라이다. 북쪽으로는 브라질, 볼리비아, 파라과이, 동쪽으로는 우루과이, 남쪽으로는 칠레와 국경을 맞대고 있다. 인구는 4,000만 명밖에 안 되고 주로 스페인과 이탈리아계의 백인이다. 23개 주로 된 연방국가의 수도인 부에노스아이레스는 인구는 300만이지만 수도권 인구까지 합치면 1,200만 명이나 되는 거대한 메트로폴리탄 인구를 거느리고 있다. 1인당 국민소득은 2012년 현재 약 11,572달러이다.

아르헨티나는 20세기 초반만 해도 세계 5대 강국의 하나로 각광을 받았다. 쇠고기, 양모와 각종 곡물 등 농축산물이 풍부하고 자원의 대국이기 때문에 세계로부터, 특히 유럽으로부터 외화가 물밀듯 쏟아져 들어왔다. 그러나 1940년대 초에 카리스마적인 지도자이며 대중인기 영합주의자인 후안 페론이 등장, 1946년에 대통령이 되자 경제 개입주의와 노동자 복지를 대폭적으로 확충하는 정책을 폈다. 파이의 크기를 늘리지 않으면서 복지를 크게 확대하는 정책은 이후 20여 년 동안 지속적인 경제적, 사회적 문제를 야기했다. 인플레이션의 심화, 스트라이크의 빈발, 높은 실업률, 정권의 잦은 교체 등의 문제가 일어났다. 군부의 압력으로 해외로 망명한 페론은 1973년에 귀국, 대통령에 재선되었다. 그러나 페론은 그 이듬해 사망했다. 또한 1976년부터 1983년까지 군부는 4명의 대통령을 임명하는 등 정치적 혼란은 극에 달했다. 1982년에는 포클랜드를 둘러싼 영국과의 전쟁에서도 패했다.

페론이즘을 설명할 때 페론의 첫째 부인, 에바 페론을 지나칠 수 없다. 1919년 아르헨티나의 농촌에서 사생아로 태어난 에바 페론은 남편인 후안 페론을 설득, 빈민과 노동자 우대정책을 펴는 데 앞장섰다. 대중을 사로잡는 연설과 미모로 국민들로부터 엄청난 인기가 있었던 그녀는 1952년에 33세의 나이로 요절함으로써 더욱 안타까움을 자아냈고, '에비타'라는 애칭으로 지금도 국민들의 사랑을 받고 있다. 부에노스아이레스에 도착한 첫날 아침 승합 버스 차창을 통해 보이는 고층 빌딩 정면에 에바 페론의 모자이크된 얼굴이 엄청나게 크게 그려져 있는 것은 그녀가 아직도 아르헨티나 사람들의 가슴속에 사랑스럽게 자리 잡고 있다는 증거였다.

아르헨티나의 시련은 군부가 정치에 깊게 개입하면서부터 시작되었다. 부정부패와 비리는 갈수록 심해지고, 신자유주의가 확산되면서 아르헨티나의 경쟁력은 점점 약화되었다. 달러와 페소가 동일한 가치로 맞먹는 환율 고정제는 아르헨티나의 경쟁력을 더욱 약화시켰다. 그리고 외국자본이 급격히 빠져나가면서 2001년에는 국가부도를 선포하기에 이르렀다. 그러나 2003년에 이 나라가 풍부하게 가지고 있는 농산물의 가격이 급등하면서 위기에서 벗어났다. 오히려 2003년부터 2008년까지 매년 9%의 고속 성장을 했

부에노스아이레스 공원에 있는 스테인리스로 된 꽃잎

레꼴레따에 안치되어 있는 에바 페론의 묘

으나 다시 미국발 경제 위기로 주춤하다가 현재는 인근 국가인 브라질의 2014년 월드컵, 2016년 올림픽 유치가 몰고 올 특수를 기대하고 있다. 아르헨티나는 남미의 어느 나라보다도 브라질과 함께 남미의 공동시장을 선점할 수 있는 경제력을 가지고 있다. 지금 이 두 나라는 우연히도 여자 대통령이 통치하고 있는 공통점이 있다.

아침에 시작한 부에노스아이레스 관광은 많은 인파를 피할 수 있는 장점이 있었다. 팔레르모 공원은 세계 3대 공원의 하나로 알려질 정도로 식물원, 동물원, 장미공원 등과 각종 스포츠 시설이 갖추어진 부에노스아이레스 시민들이 자랑하는 곳이다. 오전이라 공원에는 가끔 조깅하는 사람들만 보일 뿐 관광객들이 많지 않았다. 팔레르모 지역은 중상 이상의 계층이 주로 사는 지역이다. 좀 의아하기는 했지만 오전의 여정에는 레꼴레따의 공동묘지도 있었다. 정문 입구 위의 '절대자는 기다린다'는 글귀가 보여주듯 인간들에게는 영원한 안식처인 셈이다. 대통령, 장관, 예술가, 변호사, 장군 등 아르헨티나 유명 인사들의 시신이나 유골이 잠들어 있는 곳이다. '에비타'의 시신 역시 이곳에 안치되어 있어 관광객들이 많이 찾는 곳이며 장미꽃이 떨어지는 날이 없다고 한다.

오후에는 한국 관광객들에게 알기 쉽게 설명하기 위해 붙인 부에노스아이

부에노스아이레스 시민들의 안식처인 팔레르모 공원

부에노스아이레스의 번화가인 플로리다 거리

보카지역은 땅고라고 하는 무곡인 탱고로 유명하다

관광객들이 관광열차를 타고
아르헨티나 쪽의 폭포를 향해 가고 있다

레스의 명동이라고 불리는 플로리다 거리를 구경했다. 생각보다 인파가 붐비지 않고 상가만 양쪽에 줄지어 있었다. 건물들 또한 고풍의 스페인식 새하얀 건물들이 많아서 깨끗해 보였다. 거리의 분위기 역시 바티칸의 교황 프란시스코 선출로 들떠 있는 듯 보였다. 그리고 대통령궁과 각종 집회가 자주 열리는 5월의 광장과 탱고의 본고장인 보카 지구를 둘러보았다. 참고로 아르헨티나에서는 탱고를 땅고라고 부른다. 보카 지역은 관광의 필수 코스로 알려져 있다. 또 이 지역은 축구팀, 보카 주니어스의 홈 코트가 있는 곳이기도 하다. 아르헨티나에서 첫날에 느낀 인상은 거리에서 흑인을 보기가 어렵다는 것이었다. 부에노스아이레스 공항의 화장실에서 청소를 하는 백인 청년을 보고 나는 속으로 상당히 놀랐다. 대부분의 나라에서 화장실 청소는 보통 흑인이나 유색인종이 맡고 있는 것을 많이 보아온 데 익숙해 있었기 때문이다. 한국 교민은 약 25,000여 명으로 수도권에 밀집하여 주로 의류봉제업에 종사하고 있다고 했다.

인종차별에 대해 좀 더 부연하자면 페루의 한국 교포는 아르헨티나에서는 인종차별이 심하다고 두 번, 세 번 강조하였다. 나는 브라질 축구팀과 아르헨티나 축구팀의 흑백인 비율을 들어 이 문제를 다시 한 번 제기했더니 현지의 한국 가이드는 궁색한 변명으로 인종차별이 없다고 주장하였다. 그는 브라질은 열대이고 아르헨티나는 온대이기 때문에 기후의 요인도 있고, 인디오와의 전쟁으로 인디오도 없어지고 흑인이 많이 희생된 점도 들었다. 인종차별 문제는 가해자보다는 피해자가 더 민감하게 반응하는 법이다. 흑인이나 인디오들이 차별이 덜 심한 나라로 다 빠져나간 것을 봐도 아르헨티나는 주위의 다른 어떤 나라보다도 백인 위주의 나라인 것을 확인하지 않을 수 없었다. 따라서 21세기 글로벌 시대를 맞아 나는 이 나라가 앞으로 브라질보다 더 발전할 수 있을지에 대해 의문을 갖지 않을 수 없었다.

세계 3대 폭포의 하나인 이구아수 폭포는 브라질과 아르헨티나 접경에 있다. 큰물이라는 뜻의 '이구아수'는 이 지역에 살았던 인디안의 이름을 딴 것이라고 한다. 전체 길이는 2.7km에 달하며 미국과 캐나다에 걸쳐 있는 나이아가라 폭포보다 규모가 4배나 크며 물의 양에따라 270개의 폭포로 나뉘어져 있다.

다음 날 아침 부에노스아이레스의 호텔에서 1시간이 걸려 공항에 도착, 이구아수행 비행기에 올라 2시간 만에 도착했다. 아르헨티나 쪽의 이구아수 폭포는 입구에서 30분 동안 관광열차를 타고 가서, 다시 도보로 1.1km를 걸어가야 도달할 수 있었다. 아르헨티나 쪽에서 본 이구아수 폭포에 대한 첫인상은 물살이 격렬하고 소리까지 우렁차서 장엄한 느낌마저 들었다. 거기다 흰 물결에 누런색까지 곁들여, 누가 붙였는지 몰라도 폭포 자체가 '악마의 목구멍 Devil's throat'이라는 별명에 걸맞은 것 같았다. 또 폭은 700m, 높이는 82m인데 간간이 물살이 치솟아 관망대에까지 물을 뿌릴 때는 그 격렬함이 더욱 느껴지는 것 같았다.

　브라질 쪽에서 이구아수 폭포를 보면 어떤 느낌이 들까? 아무래도 두 곳의 느낌은 많이 다를 것 같았다. 이구아수 폭포는 약 80%는 아르헨티나에, 나머지 20%는 브라질에 속하는데 전체를 바라볼 수 있는 경관은 브라질 쪽이 훨씬 잘 보인다고 한다. 폭포의 높이는 40m~100m로 대부분 60m라고 하

는데 '악마의 목구멍'을 제외하면 아르헨티나 쪽에 작은 폭포가 많이 있다고 한다. 다음 날 아침, 브라질 쪽 이구아수 폭포를 보러 가는 날인데 날이 많이 흐려 금방 비가 올 것 같았다. 아르헨티나에서 브라질로 가려면 이구아수 강의 다리를 건너 월경할 수 있는데 우리가 묵었던 호텔에서는 버스로 약 30분이 걸려 폭포로 들어가는 정문에 도착하였다. 이미 비는 오기 시작하고 우리 일행뿐만 아니라 모든 관광객들은 우비로 갈아입고 폭포를 보러 나섰다.

브라질 쪽의 이구아수 폭포도 장관이었다. 멀리 폭포들이 보이기 시작했

'악마의 목구멍'이라고 하는 아르헨티나 쪽에서 본 이구아수 폭포

다. 비가 줄기차게 오고 있어 물안개 때문에 사진 찍기에는 최악의 날씨지만, 길을 따라 다양하게 펼쳐지는 이구아수의 여러 모습은 흥미로웠다. 미국 대통령, 프랭클린 루스벨트의 부인인 엘리노어 루스벨트는 관찰력이 뛰어난 여성이라는 평이 있는데 그녀는 이구아수의 규모에 압도되어 '오, 가여운 나이아가라!(Oh, poor Niagara!)'라고까지 말했다고 한다. 사실 한 폭포의 규모만 보면 아프리카 빅토리아 폭포의 커튼 폭포(curtain falls)가 가장 크다고 하는데, 폭 1,600m에 높이가 100m로 거대한 커튼을 쳐놓은 모양이라고 한다. 그에 비해 이구아수는 270개의 폭포가 넓은 면적에 길게 퍼져 있어 규모로는 제일 큰 것이라고 한다. 폭포 관광이 끝나면 관광객들은 구명조끼를 입고 스피드 보트를 타고 폭포 가까이에, 때로는 폭포 속으로 들어가는 마꾸꼬 사파리라는 것도 체험하는데 물벼락에 폭포수를 온통 뒤집어쓰는 데다가 보트의 빠른 속도 때문에 정신없이 이리 쏠리고, 저리 쏠렸을 뿐 재미있었다고는

생각하지 않았다. 보트의 속도가 한국의 래프팅보다도 훨씬 빨랐다.

파라과이는 왜 여행 일정에 넣었는지 의문이 갈 정도로 의미 없는 여정이었다. 쇼핑센터 한 곳만 방문했기 때문이다. 파라과이도 브라질에서 다리 하나만 건너면 들어갈 수 있는 나라이기 때문에 여행사 입장에서는 반드시 끼워 넣고 싶었는지 모른다. 파라과이의 면적은 한국의 3배, 인구는 약 700만밖에 안 되는 조그만 나라이다. 2012년 현재, 1인당 국민소득이 약 5,358 달러로 이번에 여행한 나라 중에서 가장 못 사는 나라이다. 가이드는 아예 이 나라의 생활수준은 아프리카 수준이라고 하면서 방문할 쇼핑센터 한 곳을 정해주고 이 지역을 넘어가면 대낮인데도 위험하다고 경고했다. 브라질로부터 파라과이 쪽 국경을 넘어가자, 오랫동안 시장의 광경이 펼쳐지는데 너무나 낡고 지저분해서 버스로 지나가는 것을 다행으로 생각했다. 거리의 아스팔트는 누더기를 기워 놓은 모양 같았다. 파라과이에도 아름다운 곳이

브라질 쪽에서 본 이구아수 폭포의 장관

차창을 통해 본 파라과이 국경도시의 거리

있을 터인데, 이런 곳을 지나가게 하다니 잠시 여행사의 처사를 못마땅하게
여겼다.

  나는 버스에서 아르헨티나는 희극이고, 파라과이는 비극이란 생각이 들
었다. 왜냐하면 한때 세계 5대 강국 가운데 하나였다가 국가부도를 맞
은 뒤 1인당 국민소득이 3~4천 달러로 떨어졌다가 2012년 11,572달러로 회
복, 다시 브라질의 특수에 기대는 아르헨티나는 분명 한편의 코미디를 보는
것 같지 않은가. 한국이 복지에 예산을 많이 배정할 때면 꼭 등장하는 나라
가 아르헨티나라는 점은, 우리가 그 나라를 폄하하는 것은 아니지만 반면교
사의 하나로 거론되는 것임에 틀림없다. 한편 인구도 얼마 안 되는 파라과이
는 남미에서 비교적 잘사는 두 나라 사이에 끼여 있음에도 그렇게 못사는 이
유를 도무지 알 수 없었다. 원래 이구아수 폭포는 파라과이에도 있다는데 정
말 이 나라의 정치인들은 무얼 하고 있는지 답답한 생각도 들었다. 이구아수
폭포는 아르헨티나와 브라질, 두 나라가 모두 가지고 있는 이구아수 국립공
원에 의해 관리되고 있는데 아르헨티나 이구아수 폭포는 1984년에, 브라질
이구아수는 1986년에 각각 유네스코 세계유산으로 등재되었다.

이구아수 공항에서 세계 3대 미항의 하나인 브라질의 리우데자네이루까지는 비행기로 2시간밖에 안 걸렸다. 그러니 아르헨티나, 브라질, 파라과이가 서로 얼마나 가까운가를 알 수 있다. 브라질은 인구 2억 명의 남미 최대의 나라이며 첫 번째 수도는 살바도르였고, 두 번째 수도가 리우데자네이루였으며 세 번째 수도는 브라질리아로 내륙 깊숙이 있다. 2012년 현재 1인당 국민소득은 12,079달러이며 월드컵과 올림픽을 유치해놓고 있어 경제적 전망은 밝은 편이다. 1500년대에 발견된 브라질은 당초 쓸모없는 땅으로 여겨졌으나 브라질 전국 각지에서 다이아몬드가 발견되면서 급속하게 개발되었다. 다른 남미 국가들은 스페인어를 사용하지만 브라질은 포르투갈어를 사용하고 있다. 또한 리우데자네이루는 미항이며 명소도 많지만 천혜의 항구로서 유람선 등의 접안이 쉽고, 잠수함도 기항할 수 있다고 한다. 리우의 인구는 680만 명, 인근의 메트로폴리탄 연구까지 합치면 1,000만 명은 된다.

리우에서는 코바카바나 해변의 식당에서 점심을 먹고 바로 코르코바도 언덕에 있는 예수상을 향해 버스로 올라갔다. 아주 언덕 밑까지 차들이 올라갈 수 있어서 힘이 들지 않았다. 예수의 상은 1931년에 세워졌는데 해발고도가 710m나 되는 곳에 있으며 예수상 높이는 30m, 석대까지 합치면 38m, 무게는 1,145t이다. 두 팔을 벌리고 있는 예수상의 양쪽 손가락 끝에서 끝까지의 거리는 28m이다. 예수상 아래에 있는 사람들이나, 또는 멀리 리우데자네이루가 보여서 그런지 엄청나게 크게 보이는데 실제로 가서 보니 생각보다 크지 않아 보였다. 여하튼 코르코바도 언덕 위에서 본 리우데자네이루는 사방 어디를 둘러봐도 아름다웠다. 다른 두 미항인 시드니와 나폴리도 봤지만 리우에 견줄 바가 못 되었다. 산과 바다와 건물들이 묘하게 어우러져 있는 모습은 세계 어느 도시에서도 볼 수 없는 광경이다. 그런데 한국 교민이 상파울루에는 5만 명이나 산다는데 이곳 리우에는 100명이 채 안 된다니 의외라 아니할 수 없다. 아마 세계적인 관광지라 물가와 생활비가 비싸기 때문인지도 모른다.

리우데쟈네이루와 코르코바도 언덕에 있는 예수상

지구촌
문화의 빛과 라틴아메리카
그림자

리우에는 브라질을 소개할 때 자주 보는 코바카바나 해변이 있다. 산 위에서 볼 때는 더욱 멋있게 보였다. 길고 탁 트인 해변과 바다에 점점이 박혀 있는 요트들, 그리고 고층 건물들의 평화로운 모습은 우리의 마음을 아주 편안하게 해주는 듯했다. 정작 해변에는 여름철이 다 가서인지 한가롭기 짝이 없었다. 해변에는 사라져간 여름을 정말로 아쉬워하는 사람들만 조금 남아서 일광욕을 즐기고 있었다. 때가 아닌 곳은 이곳만이 아니었다. 양쪽의 텅 빈 관람석 사이로 삼바 행렬이 지나가는 700m의 긴 거리에도 개미 새끼 한 마리 없었다.

리우에서 하룻밤을 자고 다음 날 보석 박물관과 고딕 양식의 중앙 성당을 보았다. 그러나 리우를 떠나기 전에 꼭 해야 할 일은 케이블카로 빵 산이라고 불리는 산의 정상에 올라가 아주 높은 곳에서 리우 전체를 한눈에 조망해 보는 것이었다. 가이드가 표까지 다 구입해서 중간 역까지 올라갔지만 케이블카의 관리상 문제로 정상으로의 등정을 포기하지 않을 수 없었다. 비행기 시간도 있는데 산 중턱에서 마냥 기다릴 수 없어서 환불을 모두 받고 내려왔다. 정말 아쉬웠지만 어쩔 수 없었다.

리우데자네이루! 정말 아름다운 도시였다. 우리 일행은 점심을 먹고 바로 공항으로 떠났는데 이곳을 떠나기 전에 나는 브라질의 빛과 그림자를 다시 한 번 생각해봤다. 브라질은 인종차별이 거의 없다고 현지 가이드는 힘주어 말한다. 500여 년 동안 백인과 흑인이 섞여 살아왔다고 한다. 극단의 예로 부모는 양쪽이 백인들인데 아이는 유색인을 낳는 경우도 있다고 한다. 그렇게 되는 까닭은 오래전으로 거슬러 올라가면 조상 가운데 흑·백인이나 혼혈아가 있어 그 DNA가 나중에 나타나기 때문이라고 한다. 나는 펠레를 비롯한 브라질 축구 선수들의 피부를 상기해 보았다. 아르헨티나와는 다르게 피부 색깔이 별로 차이를 못 만드는 나라의 미래를 어둡다고 말할 수는 없을 것 같았다. 왜냐하면 그곳은 꽉 닫힌 곳이 아니라 열려 있으며 그만큼 더 많은 빛이 들어올 수 있기 때문이다. 브라질에는 앞을 환하게 비추는 햇빛만

예수상에서 내려다본 리우데자네이루의 모습

멀리 보이는 산과 바다가 아름답게
조화를 이룬 코파카바나 해변

바다, 산, 집들이 어우러져 도시를 형성한 리우데자네이루

있는 것일까?

산 위에서 본 리우데자네이루는 정말 아름다웠다. 그러나 지상에서 본 리우는 모든 곳이 눈부실 정도로 아름다운 곳은 아니었다. 이구아수로부터 리우의 공항에 도착, 시내로 들어올 때 상당히 긴 거리에 걸쳐 있는 방호벽을 만났다. 그 방호벽 너머에는 무엇이 있었던가? 도로에서 달동네가 안 보이도록 방호벽을 쳐놓았다고 한다. 월드컵도, 올림픽도 그렇게 해놓고 치르겠다고 한다. 브라질의 빈민들은 파벨라로 불리는 달동네에 산다. 파벨라의 역사적 기원은 19세기 말 브라질의 노예해방이 있자 빈민들이 주거환경이 좋지 않은 도시의 주변부나 고지대에 무허가 건물을 짓고 정착하면서 형성되었다. 이 지역은 아무래도 범죄율이 다른 지역보다 높다. 브라질 당국은 특히 마약사범 등 각종 범죄와의 전쟁도 치러야 한다. 리우의 가장 큰 파벨라는 호신야 파벨라인데 이 지역에는 약 50만의 빈민층이 자리 잡고 있다고 한다. 그런데 이런 그림자는 브라질에만 나타난 게 아니다. 멕시코, 페루, 파라과이, 심지어 인구도 적고 백인들

만 주로 보이는 아르헨티나도 마찬가지이다. 브라질은 인구가 많아 그 규모
가 클 뿐이다. 프란시스코 교황이 '없는 자'에 특히 관심을 갖는 이유를 알 것
같았다.

내가 한국을 떠나기 전에 가졌던 의구심은 남미 달동네들의 규모를 보고
그 실마리를 찾았다고 감히 말할 수 있다. 한마디로 빈부격차가 너무 심하
다는 인상을 강하게 받았다. 양극화의 양상은 반드시 달동네만으로 나타나
지 않을 것이다. 남미 각국의 사회를 자세하게 들여다보면 여러 분야와 여러
층에서 각양각색으로 나타날 것이다. 반드시 마르크시즘에 빠지지 않더라
도 경제적 요인이 사람들의 권력, 지위, 문화생활에 영향을 미칠 것이다. 자
본주의 사회에 대해 마르크스가 던진 '부익부, 빈익빈富益富, 貧益貧, 'The rich the
richer, the poor the poorer'의 말은 남미의 경우는 빈말이 아니다. 남미의 빈부격
차에 대한 확실한 증거는 또 있다. 2012년 현재, 남미 각국의 소득 불평등을
나타내는 지니 계수는 다음과 같다. 브라질 51.9ㄱ, 파라과이 53.2ㄱ, 멕시코

48.3고, 페루 46.0고, 아르헨티나 45.8중, 그리고 콜롬비아 53.9고, 볼리비아 58.2고, 과테말라 55.1고, 칠레는 52.1고이다. 지니 계수는 1에 가까울수록 평등하다.

남미 각국에 비해 유럽 국가들은 어떠한가. 스웨덴 23저, 노르웨이 25.8저, 오스트리아 26저, 독일 27저, 프랑스 32.7중이다. 미국, 일본, 한국은 어떠한가. 미국 47.7고, 일본 37.6중, 한국 31중이다. 브라질은 저소득층 지대의 빈민들을 그대로 놔두고, 달동네도 그 모습 그대로 두고, 또 경기장도 가급적 기존의 경기장을 보수해서 써서, 경기장을 신축하는 데 많은 돈을 쓰지 않을 계획이라는 이야기를 듣고 잘하는 일이라고 속으로 맞장구쳤지만, 실제로 도시 환경에 나타나는 빈부격차의 양상은 브라질 정부도 통제할 수 없는 정도에 이르렀지 않나 하는 생각이 들었다. 또 세계에서 몰려오는 사람들도 예수상이 있는 코르코바도 언덕에 올라가 보고, 코바카바나 해변을 한번 거닐어보면 남의 나라의 골치 아픈 문제는 조금도 생각이 안 날 수 있다.

그러나 반드시 민중이나 지식인이라는 용어를 쓰지 않더라도 사회문제를 보는 '깨어 있는 사람들'의 대응은 다를 수밖에 없다. 1970년대 초에 남미의 지식인들은 사회문제에 대한 해법을 마르크시즘에서 찾으려 했고, 300여 년 동안 스페인의 지배 경험은 종속이론을 잉태시키는 데 결정적인 계기가 되었다는 생각이 들었다. 그러면 반미反美 감정은 또 무엇인가? 누가 뭐래도 20세기 자본주의의 맹주는 미국이라는 데 이의가 없다. 우선 마르크시즘에 경도된 남미의 좌파정권들과 미국이라는 나라 사이에는 출발부터 상호 친화성이 형성될 수 없다. 거기에다 애덤 스미스를 거론하지 않더라도 국경을 넘어 자본이 팽창하려는 성향은 자본주의의 속성이며 다국적기업을 통해 이러한 속성이 현실화되는 데 자원이 풍부한 남미가 그 일차적 침투 목표가 된 것은 아주 자연스러운 일이다. 이에 대해 예를 들어, 아옌데 정권이 다국적기업이 아예 발을 못 붙이도록 구리 광산을 국영화하려는 전략은 당연한 대응일 수도 있다. 이런 과정에서 미국과의 마찰은 불가피하고, 미국에 대한 감정이 좋을 리는 없을 것이다.

또한 선진 자본주의국가의 다국적기업은 언제나 개발도상국의 자원과 저임금의 노동력을 이용해 막대한 이익을 창출, 그것을 다시 빨대로 흡수해서 뽑아내는 행태siphon를 반복할 때 그에 대한 저항은 필연적이다. 거기에다 군부독재든 민간독재든 권력 쪽의 손을 들어주던 과거의 미국은 반미 감정의 원인에 대해 일부 책임을 면할 수 없을 것이다. 더구나 스페인에 오랫동안 지배당했던 남미 각국은 어떤 형태로든 강대국에 의해 영향을 받고, 지배받기를 싫어할 것이다. 현재 남미 각국은 대부분 좌파 정권이 집권하고 있다. 자본주의가 많은 결점을 가지고 있는 것은 사실이지만 그렇다고 사회주의가 그 대안이 될 수 없음은 이미 증명되었고 그것은 이제 하나의 역사적 사실이 되었다. 나의 착각인지는 모르겠지만 어디서부터 개혁해야 될지 모를 정도로 악화된 빈부격차와 국민들이 오랫동안 받아왔던, 잊기에는 너무나 달콤한 각종 복지혜택 때문에 남미의 발전은 조금씩 더디게 진행되고 있다는 느낌을 받았다.

리우데자네이루의 한 언덕에 형성된 빈곤층이 사는 파벨라

　그러나 그동안 세월도 많이 흘렀고, 시대도 많이 바뀌었다. 공은 이제 남미로 넘어갔다고 생각한다. 언제까지 모든 걸 남의 탓으로만 돌릴 수도 없다. 남미는 이제 발전을 향한 대안을 제시하든가 스스로 뼈를 깎는 노력을 보여줄 때가 다가왔다. 21세기를 맞아 남미는 정말 해낼 수 있을까? 잘 알 수는 없지만 현지에 사는 교포들로부터 걱정하는 소리들이 많이 들려왔다. 약속을 안 지킨다거나, 부지런하지 않다거나, 노동 윤리가 아직 잡혀 있지 않다는 등 우려의 소리가 높다. 그런 생각을 하는 사이, 비행기는 리우데자네이루를 떠나 상파울루와 리마를 경유, 환승하면서 샌프란시스코를 향해 날아가고 있었다. 일요일 아침 일찍 공항에 도착하자 관광객이 많지 않아선지 입국 수속은 여전히 까다로운데도 지루하지 않게 마칠 수 있었다. 샌프란시스코는 2000년 10월, 여행사의 도움 없이 캘리포니아 대학 버클리 캠퍼스와 스탠퍼드 대학을 돌아봤을 뿐 초행길이나 다름없었다.

　남미를 보고 온 다음의 미국은 역시 풍성해 보였다. 나뿐만이 아니고 일행들도 모두 그렇게 생각했다. 물론 샌프란시스코는 미국에서 가장 살기 좋은 도시 가운데 하나이지만 좀 의외였다. 왜냐하면 2000년 이후 미국도 조금씩 살기 어려워지고, 계속 쇠퇴하고 있다는 이야기를 많이 들어왔기 때문이다. 미국은 오랫동안 나에게는 다른 모습으로 다가왔다. 1969년에 내가 미국에 첫발을 디뎠을 때 그곳은 별천지 같았다. 무슨 이런 나라가 있나 했다. 한국에서는 다방과 영화관에 가는 것이 유일한 오락이고 만원 버스와 청계천 판 잣집만 머릿속에 남아 있던 시절에 미국은 정말 별세계처럼 보였다. 1981년에 내가 미국을 떠날 때는 일본이 미국 각지의 건물들을 대거 매입하면서 미국은 일본에 밀리고 있었다. 1991년 내가 영국에서 안식년을 마치고 미국에 들렀을 때는 일본은 '잃어버린 10년'의 첫해를 맞고 있었고 미국은 살아나고 있었다.

2001년은 '테러와의 전쟁'을 선포하면서 제국주의의 민얼굴을 내보이기 시작했다. 아프가니스탄에서의 전쟁을 마무리하지도 않은 채 대량살상무기를 파괴한다는 명분을 내걸고 이라크를 침공했다. 2008년에는 흑인인 버락 오바마를 대통령으로 뽑았다. 나는 미국의 엄청난 군사력보다도 흑인 대통령을 가지고 있는 미국을 부러워한다. 이에 비하면 중국은 아직도 갈 길이 멀다. 경제력으로, 군사력으로 미국을 앞지른다고 해도 민주주의를 체득하기에는 시간이 걸리기 때문이다. 여하튼 미국 경제가 조금씩 살아난다고 하니 다행이다 싶다. 그런데 여기서 꼭 짚고 넘어가야 할 점은 미국의 국력, 특히 경제적 형편이 예전과 같지 않다는 사실이다. 예전을 꼭 집어서 언제라고 말하기는 힘들어도 2차대전 전후 미국의 자본주의가 한창 흥성했을 때라고 말해도 무방할 것이다. 미국의 미래와 장래에 대한 본격적인 논란은 1987년 예일 대학의 폴 케네디 교수가 그의 저서『강대국의 흥망』에서 미국 국력의 점진적인 쇠퇴를 시사하고 부터이다. 물론 이에 대해 찬·반의 논의가 아직도 가끔 이어지고 있지만 미국의 전반적인 경제상황이 낙관적이지 않다는데에는 많은 사람들이 의견을 같이하고 있다. 몇몇 주의 재정적자도 악화되

▲1906년 대지진 이후 다시 지은 세계 다섯 번째로 큰 돔을 가진 샌프란시스코 시청 건물

◀샌프란시스코 시청 앞에 있는 '아시아 예술과 문화를 위한 이종문 센터'

▼왼쪽 분홍색 건물은 전에는 엑스포 시설이었는데 지금은 예술의 전당으로 명소가 되었다

어 있고, 양극화가 더욱 심화되어 빈곤층, 특히 흑인들의 경제적 형편이 안 좋다는 지적이 많다. 이런 상황은 바로 인종갈등을 비롯한 여러 가지 사회문 제로 연결될 수 있음은 말할 필요도 없다.

 가이드가 우리를 먼저 데리고 간 곳은 샌프란시스코 시청이다. 1899년에 완공된 건물인데 7년밖에 안 된 1906년 샌프란시스코 대지진 때 완전히 파괴되어 다시 지은 건물인데 세계에서 다섯 번째로 큰 돔을 머리에 이고 있는 아름다운 건물이다. 시청 건물 맞은편에는 아시아 예술 박물관이 있는데 그 건물에는 박물관 표시 외에도 '아시아 예술과 문화를 위한 이종문 센터'라는 글귀가 새겨져 있었다. 이종문 씨는 실리콘 밸리에서 성공한 벤처기업가로 이 박물관 건립을 위해 1천 5백만 달러를 기증했다. 샌프란시스코 시에서는 처음에 무명의 이 사람이 기부와 투자를 혼동한 줄 알고 돈을 돌려주어야 한 다는 주장까지 나왔다고 한다. 이 사람이 누구인지 수소문해서 알아보니 그

전해에도 한국 코너를 개설하는 조건으로 백만 달러를 기증한 적이 있어 아시아 예술 박물관에만 기증한 돈이 무려 1,600만 달러에 달했다. 이 이야기는 샌프란시스코를 안내하는 한국인 가이드들이 한국 관광객들에게 반드시 들려주기도 한다. 이종문 씨는 국내에도 KAIST를 비롯한 여러 대학에 기부를 했는데 이 사람은 바로 중앙대학교 동문이어서 나로서는 더욱 뿌듯한 감정을 갖지 않을 수 없었다.

점심을 먹고 다운타운의 유니언 스퀘어를 돌아보았다. 조그만 광장이지만 전차가 다니는 언덕 거리가 가까운 데다 메시 백화점 등이 있어 사람들이 많이 모이는 곳이다. 곧이어 배들이 정박해 있는 부두 39에 가 봤는데 부두 풍경과 함께 아이스크림, 초콜릿, 찐 게, 크램 차우다를 넣은 빵 등 먹거리가 풍부한 곳이라서 그런지 많은 사람들로 붐비고 있었다. 그다음에는 극장 등이 있는 예술의 전당palace of fine arts을 방문했는데 서너 쌍의 신혼부부들이 사진을 찍고 있었다. 호수를 끼고 있는 주위의 동네가 평화로워 보였다. 누구나 알다시피 샌프란시스코의 명소는 금문교Golden Gate Bridge라고 할 수 있다. 언뜻 보면 여수 돌산대교와 비슷한 금문교. 인천대교, 서해대교 등 대형 다리를 많이 본 우리에게 금문교는 대수롭지 않게 보일는지 모른다. 그러나 80년 전에 착공해서 지금도 잘 관리되고 있는 금문교는 샌프란시스코의 자랑이 아닐 수 없다.

급속한 조류와 짙은 안개, 100km 이상의 거센 바람, 또 수면 아래 나쁜 지형 등의 악조건 때문에 샌프란시스코 당국과 시민들의 반대에도 불구하고 건축가 스트라우스는 재력가의 도움을 받아 1933년에 이 다리를 착공, 4년 뒤인 1937년에 완공했다. 길이 2.8km, 넓이 27m인 금문교는 빨간 철 기둥을 철근으로 된 수많은 굵은 밧줄이 지탱하고 있었다. 우리의 마지막 방문지는 샌프란시스코에서 차로 30분 걸리고, 금문교에서 20km 떨어져 있는 뮈르우드 국립기념관으로, 주로 미국의 우람한 삼나무들을 볼 수 있는 수목원이다. 광활한 국토에 자연 풍광마저 탐스럽고, 잘 관리되고 있어 언제나 부러

샌프란시스코의 번화가에 있는 유니언 스퀘어 광장

먹거리가 풍부한 샌프란시스코 부두 39

운 것이 미국의 자연환경이다. 그 가운데서도 지진이나 산불 등 재난이 많기는 하지만 나는 미국의 어느 주보다도 캘리포니아를 좋아하는 편이다. 그래도 세상에 내 집만 한 곳이 어디 있을까? 빨리 한국에 가고 싶었다. 마지막 남은 한 번의 비행기 여정, 그 거리가 만만치 않기는 하지만.

2013. 5. 10

02

라오스

비엔티안
방비엥
루앙 프라방

왜 라오스인가?

　라오스는 나에게 언제나 애매한 나라였다. 라오스 하면 떠오르는 것이 아무것도 없기 때문이다. 나의 아내가 라오스 여행을 처음 제안했을 때 나는 왜 라오스인가 하고 반문했다. 갔다 온 사람들마다 괜찮다고 한다는 게 아내의 대답이었지만 나는 썩 내키지 않았다. 베트남은 너무 알려져 말할 것도 없고 태국은 아시아에서 유일하게 식민지 경험을 겪지 않은 나라일 뿐만 아니라 인도차이나 반도를 넘어 아시아에서 관광의 보고로도 유명하다. 캄보디아의 앙코르와트를 모르는 사람이 있는가? 이 세 나라 사이에 끼여 있는 라오스는 나에게는 그 존재감이 뚜렷하지 않았다.

　인근의 다른 나라들도 라오스보다는 세상에 많이 알려져 있다. 반도의 서북쪽에 있는 미얀마도 민주화의 기수인 아웅산 수치 여사뿐만 아니라 북한이 저지른 아웅산 묘소 폭파 사건[1]의 만행을 우리 모두 기억하고 있다. 남쪽에 있는 말레이시아조차도 나에게는 라오스보다 생소하지 않았다. 왜냐하면 50년대와 60년대에 아시아에서 축구 경기가 열렸다 하면 말레이시아의 수도인 쿠알라룸푸르에서 대회가 있었기 때문이다. 반도의 최남단에 붙어 있는 도시국가인 싱가폴은 췌사가 필요 없는 나라이다. 그런데 라오스는 내

1　아웅산 묘소 폭파 사건 : 1983년 10월 9일 미얀마 아웅산 묘소에서 한국의 외교사절 다수가 북한 테러분자의 폭파암살로 사상 死傷 한 사건

가 아무리 머리를 쥐어짜 봐도 생각나는 것이 아무것도 없다.

그런데 한편으로는 이렇게 모르는 나라를 하나하나 알아가 보는 것도 여행의 묘미가 아닐까 생각해 보면서 1월 26일 일요일 아침 7시 라오 비행기에 올랐다. 그러면 그렇지. 사람들이 라오스를 많이 가지 않는다는 생각이 들었다. 일요일 이른 아침이기는 했어도 승객은 30여 명밖에 되지 않았기 때문이었다. 대신 라오스의 수도인 비엔티안까지는 5시간 15분 걸리는 거리를 좌석을 넓게 차지하고 편하게 갈 수 있었다. 우리와 라오스의 시차는 두 시간으로, 서울이 12시 정오면 비엔티안은 오전 10시로 2시간이 늦다. 비행기에서 내려 공항 청사로 잠시 걸어가는 도중 25~26도의 더운 날씨를 느끼면서 드디어 우리가 남쪽나라에 온 것을 실감할 수 있었다. 15일까지는 무비자라 입국 수속도 간단했다.

비엔티안의 국제공항은 우리나라의 한 지방 공항의 규모밖에 되지 않아서 그렇게 복잡하지 않았다. 비록 우리 가족만의 자유여행이라도 공항에는 여행사에서 연락을 받고 우리를 호텔로 안내하려는 한국인 젊은이가 나와 있었다. 호텔로 가는 차 안에서 라오스에 산 지 얼마나 오래되었는가를 물으니 4년 되었다고 하면서 라오스 사람들과 일하는 데 어려움이 있지만 이 나라에도 좋은 점이 있다고 하였는데, 그 좋은 점이 무엇이냐고 물어보기도 전에 차가 호텔에 도착했다. 우리가 금방 알 수 있는 것은 유유자적한 이곳 사람들의 생활이었다.

일요일이기는 하지만 정오가 가까웠는데도 거리가 한적하다고 하니, 그 청년의 대답이 지금 가고 있는 이 2차선의 도로가 이 나라의 고속도로라고 해서 한바탕 웃지 않을 수 없었다. 그리고 보니 '조용한 아침의 나라', 또는 '시간이 멈춰진 나라'라고 불리는 라오스는 2008년 뉴욕타임즈 선정, 꼭 가봐야 할 나라 1위에 뽑힌 적이 있다고 하니 이 나라에 대해서 우리가 몰라도 너무 모르는 것이 아닌가 하는 생각이 들었다. 호텔 방은 넓고 시원해서 좋았다. 짐을 호텔에 놓고 간편한 차림으로 거리 구경에 나섰다.

마침 호텔 근처에 가끔 음악회를 연다는 '문화의 홀Cultural Hall'이 있고 그 옆에 국립박물관이 있어 들어가 보았다. 전시는 1, 2층으로 되어 있는데 건물 자체도 오래된 건물인 데다 전시물도 눈을 확 끄는 것이 없었다. 라오스 역사에 의하면 석기시대에 이미 라오스 땅에 인류가 존재했으리라는 추정이 있고, 약 4만 년 전에는 채집 수렵생활을 하는 인류가, 약 4천 년 전에는 농경생활을 하는 농경 집단이 출현했을 것으로 보고 있다. 따라서 전시장에는 돌도끼와 용기 등 어느 나라의 박물관에서나 볼 수 있는 유물들이 전시되어 있었다.

그런데 전시관을 반쯤 돌았을 때 인물들의 사진들이 나타나기 시작했다. 원래 라오스에는 13세기 중국 남부에 살던 라오족을 비롯한 타이계의 여러 민족들이 북부의 몽고 세력에 밀려 남부로 내려와 1353년 파굼왕이 란쌍왕국1353~1890을 세운 것이 최초의 라오 왕국이다. 그러나 란쌍왕국이 왕위 계승문제로 분열, 북부에 루앙프라방, 중부에 비엔티안, 남부에는 참파삭에 각각 왕국이 세워졌다.

내부 분열은 언제나 외부 침략세력을 불러들이는 점은 동서고금이 똑같다. 그 이후 라오스는 태국, 미얀마, 베트남의 영향 아래 놓이게 되었고, 오랫동안 프랑스, 일본, 그리고 미국과의 식민지 투쟁이나 갈등을 겪게 되었다. 전시관에 무수히 전시된 사진들은 저항군, 독립군, 민족 해방군을 찍은 것이며 이루 헤아릴 수 없이 많이 전시된 개인과 집단 사진들은 그 지도자들과 사건의 핵심 인물들이었다. 나는 보기에 지쳐 중도에 전시관을 빠져나오면서 이 나라의 역사가 결코 간단하지 않음을 알게 되었다.

나는 정말 이 나라가 지구상에 몇 안 되는 사회주의 국가라는 것을 여기 오기 전까지는 몰랐다. 이 나라의 크기가 한반도의 1.1배라는 것도, 세계은행의 자료에 의하면 1인당 국민소득이 2012년 현재 1,270달러라는 것을 몰랐음은 말할 필요도 없다. 인구 통계는 들쭉날쭉하다. 위키백과에 따르면

메콩 강 옆 비엔티안의 부다 파크에 있는 와불

2013년 현재 라오스의 인구는 670만 명이다. 그러나 여행사 자료에 의하면
690만 명이고 현지에서 들은 바에 의하면 최근 라오스의 한 기관이 630만 명
으로 발표했다고 한다. 사회주의 국가의 통계를 믿을 수 없는 건 어제오늘의
일이 아니지만 700만 명도 안 되는 인구를 파악하지 못하고 있음은 너무하
다는 생각이 들었다.

　국립 박물관을 나와 우리는 부다 파크Buddha Park로 가기 위해 송태우를 잡
아탔다. 송태우는 가장 작은 사륜차에 지붕을 올리고 양쪽에는 승객들이 앉
을 수 있는 좌석을 갖춘 차량으로 오토바이와 뚝뚝이로 불리는 삼륜차와 함
께 라오스에서는 가장 보편적인 대중교통수단이다. 부다 파크는 시내에서
28km 떨어져 있는데 비포장도로이기 때문에 메콩 강변을 따라 40분 넘게 걸
렸다. 라오스어로는 씨앙 쿠앤Xieng Khuan이라고 하는 부다 파크에는 인도와

부다 파크에서 만난 이 두 명의
동자승들은 지금 견습 중이라고 했다

중국의 영향을 받은 각가지 형상의 불상들이 공원에 전시되어 있었다. 시멘트로 만들어진 불상들의 얼굴과 형상들이 하도 우스꽝스럽고 기묘해서 재미있기까지 했다.

집에 돌아오는 길에 벌써 해는 뉘엿뉘엿 넘어가고 있으며 차에서 우크라이나에서 온 여성과 많은 담소를 나누었다. 차를 타기 전에 길에서 제일 먼저 송태우를 기다리고 있던 그녀는 나에게 일만 낍[2]에 비엔티안 시내까지 들어갈 수 있도록 운전사에게 부탁해 보자고 해서 우리 일행은 모두 그 가격으로 시내로 돌아왔다. 물론 운전사는 1만 5천 낍을 요구했다. 라오스의 화폐 단위는 낍으로 1달러가 약 8,200낍이니 1만 낍이라고 해봐야 1,300원이 조금 넘는 돈이었다. 차의 다른 승객은 우리 이외에 라오스인 3명과 젊은 한국인 여성 두 명, 도합 아홉 명이 시내로 돌아왔다.

호텔로 돌아가서 잠시 쉰 뒤에 저녁을 먹으러 다시 밖으로 나갔다. 마침 근처에 고기와 낙지를 뜨거운 물에 데쳐서 매콤하고 달콤한 땅콩소스를 바

---

2 Kip. 라오스의 화폐 단위.

른 후 야채, 마늘과 함께 쌈을 싸 먹는 유명한 식당이 있어서 저녁을 맛있게 먹었다. 돼지고기 구이도 추가로 시켰는데 야채가 많이 나와 배불리 먹을 수 있었다. 우리나라의 채선당 같은 곳이라고 할까, 여하튼 맛 집으로 유명해서 사람들이 끊임없이 들어오고 있었다. 우리 가족 셋이서 먹은 저녁 식사비는 한국 돈으로 계산해 보니 1만 5천 원이 채 안 되었다.

호텔로 돌아오는 길에 메콩 강변 쪽으로 둘러보니 식당마다 백인들이 북적대면서 저녁식사를 하고 있었다. 라오스에 와서 놀란 것 중의 하나가 많은 유럽인들이 라오스를 찾고 있는 사실이었다. 물론 그중에는 유럽에서 동남아의 여러 나라를 둘러보러 온 김에 라오스를 방문한 사람들도 있겠지만 내가 만난 많은 유럽인들 중에는 중국, 태국, 베트남에서 일하고 있다가 음력설 연휴를 맞아 라오스를 찾은 유럽인들도 적지 않았다. 그들은 영국, 스페인, 우크라이나, 러시아, 심지어는 이태리 시칠리아 섬 근처인 몰타에서 온 사람까지 있었다.

라오스에서 첫날을 지내 보니 공항에서 만난 한국 청년이 말한 라오스의 좋은 점을 대강 짐작할 수 있었다. 우선 물건값이 쌌다. 다른 나라의 여행에

텃밭에서 키운 야채들을 가지고 나와 팔고 있는 라오스 여인들

비해 6박 8일간의 라오스 여행에 큰돈을 들이지 않아도 되었다. 연휴를 맞아 많은 한국 사람들이 라오스를 찾았는데, 3박 5일이나 4박 6일 여행을 저가 항공을 이용해 50만 원부터 80만 원까지의 비용으로 할 수 있다고 했다. 다만 숙식이 문제인데 경치가 빼어난 방비엥 Vang Vieng 같은 관광지에서도 강가의 방갈로는 하룻밤 10~15달러밖에 하지 않았다. 또 어느 나라에나 있는 바가지요금도 이곳에서는 성행하지 않는 인상을 받았다. 그나마 좀 심한 것이 송태우나 뚝뚝이 같은 교통수단인데, 좀 깎으면 이용하는 데 불편함이 없었다.

　라오스에 있으면서 점점 느껴진 것인데 사람들이 대체로 순박하다는 인상을 받았다. 특히 장사하는 사람들이 손님을 대하는 태도는 내가 부러워할 정도였다. 조용하면서도 사달라고 매달리는 법도 없고 쌍방에 가격이 맞지 않으면 거기서 끝날 뿐이지 싫은 내색을 찾아볼 수가 없다. 남대문 시장과 중국의 저잣거리만 경험한 나로서는 여하튼 그렇게 느끼고 돌아왔다. 그들은 한국 사람들을 어떻게 생각할까? 내가 라오스에서 살고 있는 한 한국인으로부터 간접적으로 들은 이야기지만 버스 터미널에서 일하는 한 라오스 청년이 유럽 백인들과는 다르게 한국 사람들은 잘 따지고 말이 많다고 불평한 적이

많은 불상을 모셔 놓은 태국 스타일로 지은 왓 씨사껫 사원

프랑스의 개선문을 본떠서 만든 빠뚜싸이눈
비엔티안의 란쌍거리에 있다

지구촌 빛과 라오스
문화의 그림자

있다고 한다.

여하튼 우리와 다른 라오스 사람들의 성품은 체제에 기인하고 있는지도 모른다는 생각이 들었다. 라오스는 1975년 이후 사회주의 체제에 있었기 때문에 사람들은 경쟁에 익숙하지 않았다. 사회주의는 평등과 분배를 강조하기 때문에 보통이나 그 이하를 해도 살아남을 수 있으나 불평등을 인정하는 자본주의 체제에서는 자칫하면 낙오할 수도 있다는 생각에 경쟁을 하지 않을 수 없다. 생존경쟁의 치열한 이와 같은 상황에 있다가 라오스에 오면 사람들은 이곳의 유유자적한 생활과 '슬로우 시티slow city' 같은 분위기에 매료되지 않을 수 없다고 한다.

다음 날은 아침부터 파란 하늘에 햇살이 눈부시게 빛났다. 라오스의 기후는 열대몬순기후로 평균기온은 섭씨 26도이고 여름에는 38도를 넘어 40도에 이르는 때도 있다고 한다. 일 년 중 스콜성 집중호우가 자주 내리는 우기는 5~10월이고 비가 거의 오지 않은 건기는 11~4월이다. 우리가 여행한 1월 26일부터 2월 2일까지는 물론 겨울이고 하루도 비가 오지 않았다. 아침에 흐린 날도 점점 안개가 걷히면서 파란 하늘이 보이는 것이 보통이다. 둘 째 날 우리가 찾은 왓 씨사껫Wat Sisaket은 비엔티안에서 가장 오래된 사원으로 태국이 침략하는 과정에서 파괴되지 않아 원형 그대로 보존되고 있는데 태국 양식으로 지어졌기 때문에 파괴되지 않았을 것이라는 이야기도 전해지고 있다.

'승리의 문'이라는 의미의 빠뚜싸이는 1957년 프랑스로부터의 독립을 기념하기 위해 세운 건축물로 파리의 개선문을 본떠서 만들었다. 왓 씨사껫이나 빠뚜싸이 등 라오스식 명칭은 우리에게 익숙하지 않아 발음하기가 쉽지 않았다. 앞에서 벌써 설명했어야 하는데 라오스 역사에서 프랑스의 식민지 지배 시대는 빼놓을 수 없는 부분이다. 프랑스는 19세기 후반에 베트남과 캄보디아를 정복하고 뒤이어 1890년에는 라오스를 침공해서 식민지화하는 데 성공했다. 그러나 라오스의 경제성이 높지 않다고 본 프랑스는 베트남과 캄보디아와는 다르게 철도공사나 대학 등을 세우지 않았고, 베트남에 상주하는 프랑스 관리 몇 명이 라오스를 통치, 관리하는 경우가 많았다. 이런 통치는 일단 1945년 3월 일본군이 프랑스를 몰아낼 때까지 계속되었다.

일본의 지배는 오래가지 않았다. 그해 8월 일본이 패하자 펫사랏Phethsarath 왕자는 라오 이사라Lao issara라는 라오스 독립운동 조직을 만들어 독립을 선포하였다. 제2차 대전의 연합군 승리를 기화로 프랑스는 또다시 라오스를 지배하려 했지만 끈질긴 독립운동으로 라오스는 프랑스로부터 더 많은 자치권을 얻어냈다. 그러나 1950년에 수파누웅 왕자가 이끄는 파테트 라오Pathet Lao라는 해방운동 단체가 베트남 독립동맹 비에트민Vietminh의 도움으로 결성되었으며 프랑스로부터의 해방전쟁은 베트남과 라오스에서 동시에 치러졌다.

1954년 드디어 디엔 비엔Dien Bien 산에서 베트남의 저항군은 프랑스군에게 치명적인 대패를 안겼으며 동시에 인도차이나 반도에서의 프랑스 통치는 종말을 고하고 그해 7월 제네바 협정에 따라 베트남, 라오스, 캄보디아는 독립을 획득하였다. 나는 프랑스와의 독립전쟁에서 얻은 베트남의 경험이 나중에 미국과의 치열한 전쟁에서 결정적 승리를 하는 데 크게 도움이 됐을 것이라는 생각이 들었다.

여하튼 1957년 라오스에 중립적인 연립정부가 세워졌고, 그 지도자로 수파누웅의 형제인 수바나 푸마Souvanna Phouma 왕자가 지명되었다. 여기서 라오스는 비에트민이 지원하는 파테트 라오와 미국이 지원하는 우익 정부로 분열되면서 미국과의 또 다른 갈등이 시작된다. 이 이야기는 나중에 하기로 하고 60여 년간의 프랑스의 지배는 수도인 비엔티안뿐만 아니라 우리의 제3 목적지인 루앙프라방의 거리나 카페에서 그 흔적을 느낄 수 있었다. 이제 라오스의 불교사원으로 다시 발걸음을 옮겨 보자.

비엔티안에는 왓 씨사껫 사원 이외에도 과거에 에메랄드 불상이 있었다고 하는 허파께우 사원 등 많은 사원이 있다. 그중에서도 탓 루앙That Luang은 거대한 황금빛 탑으로 멀리서도 눈에 띌 정도로 화려하며 '위대한 불탑'을 뜻하는 이 불탑에는 부처의 가슴뼈 한 조각이 봉인되어 있다고 전해진다. 이 탑은 총 3개 층으로 되어 있으며 지금은 시간이 많이 흘러 곳곳에 칠이 떨어져 나간 곳을 볼 수 있지만 여전히 라오스를 대표하는 건축물 중의 하나이다. 이 불탑은 란 쌍 왕국시대의 명군인 세타티랏 왕King Setthathirat에 의해서 1566년에 지어졌으나 19세기 태국에 의해 침략당하면서 파괴되었다가 몇 번의 재건 작업을 거친 후 1935년 지금의 모습을 갖추었다고 한다.

땡볕에서 하루 종일 사원을 돌아다니면서 불상을 보는 데 지쳐서 돌아가자니 빠뚜싸이 꼭대기에 올라가서 비엔티안 시내를 내려다보지 못한 게 아쉬웠다. 송태우 운전사가 길 건너에서 기다리기 때문에 어쩔 수 없었다. 저녁은 호텔에서 멀지 않은 메콩 강변의 한 식당에서 새우와 생선 요리로 대신했다. 메콩 강변이라고 해서 강가에 바로 있는 게 아니라 길 건너 둑을 올라가야 강을 볼 수 있다. 우리가 저녁식사를 마치자마자 마침 정전이 되어 주

탓 루앙은 라오스 사람들이 가장 신성시하는 황금빛 불탑이다

호텔 앞에 펼쳐진 방비엥의 산과 강의 풍경은 아름답기 그지 없었다

위에 모든 노천식당은 한순간에 암흑천지가 되었다. 곧 초가 준비되었지만 라오스에 있는 동안 이런 정전을 세 번이나 겪었다.

우리의 두 번째 목적지는 방비엥Vang Vieng으로 비엔티안에서 버스로 3시간 남짓 걸리는 곳이다. 버스는 우리나라에서 흔히 볼 수 있는 모양이긴 하지만 많이 낡은 중고차량으로 좌석은 지정 좌석이었다. 내 옆 창가 자리에는 50대 말 내지 60대 초반의 백인이 이미 자리 잡고 앉아 있었다. 그와 나는 방비엥에 도착할 때까지 많은 이야기를 나눴다. 그는 영국인으로, 태국에서 5개월을 보낸 후 영국으로 돌아갈 계획이라고 했다. 태국에서의 생활비가 영국에서 지낼 때의 생활비보다 싸다고 하였다. 나도 1989년 말과 1990년 초에 걸쳐 두 학기를 케임브리지 대학에서 보냈기 때문에 영국의 물가가 비싼 것을 잘 알고 있었다. 그는 직물업 등 여러 직종에 종사하였다고 하는데 전문직 종사자는 아니었던 것 같았다.

그는 또 여행을 좋아해서 이제까지 50여 국을 여행했는데 어느 나라가 좋았느냐고 물으니 인도, 쿠바, 에티오피아, 베트남, 태국이라고 대답했다. 대

쏭 강 너머 아침에 안개가 자욱이 긴 산의 경치는 한 폭의 그림과 같았다

부분 사회주의 국가가 아니냐고 물으니까 그는 쓴웃음을 지었다. 내가 라오스 사람들은 순박한 것 같다고 말하니까 그는 같은 사회주의 국가라도 베트남 사람들은 다르다고 말하였다. 베트남 이야기가 나올 때마다 서너 번 고개를 절레절레 흔들면서 돈맛을 알고 약삭빠르다고 말하고 싶은 것 같은데 주저주저하면서 "베트남 사람들은 물건 파는 법을 알고 있고 그들의 사고와 행동은 아주 효과적effective."이라고 표현했다.

그 영국인을 통해 나는 라오스가 베트남 전쟁 때 미군으로부터 엄청난 폭격을 당했다는 비극을 다시 알게 되었다. 예전에 몇 번 듣기는 했어도 다 잊어버리고 있었던 사실이다. 앞에서 라오스와 미국과의 갈등을 잠깐 언급했지만 인도차이나 반도의 공산화를 원치 않았던 미국은 왕정 라오스 정부Royal Lao Government를 포함한 우익을, 베트남은 좌익을 지원하는 가운데 미국은 파테트 라오의 지도자들을 체포하는 데 주력함으로써 라오스의 내전은 더욱 격화되었다.

한편 60년대 초에 미국이 베트남에 본격적으로 개입하고 전쟁이 확대되자

라오스의 연립정부마저 파테트 라오와 동맹을 맺게 되고, 그 세력은 점점 확대된 반면에 미국의 지원을 받은 왕정 라오 정부는 메콩 강변을 따라 국토의 1/4을 겨우 장악하고 있었다. 이제 라오스는 파테트 라오가 장악하게 되었고 베트남 전쟁이 격화되자 미국은 베트남의 월맹군과 베트콩에 무기를 전달하는 보급로를 막기 위해 라오스에 엄청난 폭탄을 투하해서 국토의 2/3를 황폐화시켰다.

힘이 더 센 이웃나라인 베트남과 함께 가지 않을 수 없었던 라오스로서는 인근 나라의 전쟁에 휘말려 희생양이 된 셈이다. 그 대가는 정말 너무 컸다고 말할 수밖에 없다. 오후 2시쯤 만나게 된 방비엥의 경치는 한 마디로 한 폭의 동양화를 보는 듯 정말 아름다웠다. 이렇게 아름다운 산야를 폭탄 세례로 짓뭉개다니 당시의 상황이 어찌 되었든 미국의 소행이 괘씸하다고 생각하지 않을 수 없었다. 방비엥을 보면서 여행지로서 라오스에 대한 회의가 순식간에 사라졌다.

결국 1975년 4월 베트남이 공산화되고 라오스 역시 왕정이 물러나고 1975년 12월 '라오 인민 민주주의 공화국Lao People's Democratic Republic'을 출범시키면서 사회주의국가가 되어 오늘에 이르렀다. '사회주의 체제나 자본주의 체제처럼 체제에 따라서 사람들의 성품이나 행동이 달라지는가, 아니면 산업화가 사람들에게 더 영향을 미치는가'라고 나는 자문해 보았다. 베트남 사람들과 라오스 사람들의 차이에 대한 그 영국인의 평가가 맞다면, 산업화가 사람들의 행동에 더 영향을 미칠 것 같았다. 각종 지표를 동원해 어느 나라가 더 산업화가 되었는지 측정은 안 했지만 현재 베트남이 더 산업화된 나라일 것 같았다.

혹자는 구닥다리 이론이라고 폄하할지 모르나 아직도 지구상에 라오스 같은 나라가 있는 한 기데온·저버그의 '산업화 이전의 사회와 산업화 이후의 사회'나 마리온·레비의 '더 근대화된 사회와 덜 근대화된 사회'와 같은 이론을 생각해 보지 않을 수 없다. 여기서 이 두 이론을 자세히 설명할 수는 없지만 이 두 이론이 공통적으로 지적하는 것을 두어 가지만 들면 '산업화된 사회'와 '더 근대화된 사회'에서는 전문성과 분화가 이루어져 있으나 산업화가 덜 이루어진 사회는 그렇지 못하다는 것이다. 산업화되고 근대화된 사회는 인간관계의 지배 유형이나 사회생활에서 합리성과 보편성이 지배하지만 그렇지 못한 사회는 전통성과 지연, 혈연 등을 중요시하는 특수성이 지배한다는 것이다.

라오스에서 사람들이 거리에서 서로 싸우는 것을 본 적이 없을 정도로 그들의 행동이 유순하지만 그렇다고 시간관념이 정확한 것은 아니다. 10분이나 15분씩 늦는 것은 보통이고 큰 식당 등에서 서비스도 조직적으로 이루어지지는 않고 있고, 모든 것이 조용하게 진행되지만 합리성과는 거리가 멀었다. 산업화가 안 된 사회에서는 경제단위의 규모도 작고 소매상과 수공업이 주를 이루는데 라오스가 그렇다. 대량생산이나 표준화가 이뤄지지 않아서 손으로 짠 수공예품을 많이 볼 수 있었다.

방비엥에 도착해서 호텔에 짐을 푼 후에는 여행사에서 제공해 준 송태우를 타고 '푸른 늪'을 의미하는 블루 라군Blue lagoon과 동굴이 있다는 곳으로 향했다. 먼지를 일으키면서 비포장도로를 30분 달려 도착한 곳은 푸른 물이 흐르고 있는 깊은 웅덩이 같기도 하고 물이 계속 흐르는 좁은 강 같기도 한 곳

블루 라군의 나무 위에서 한 백인 남자가
뛰어내릴 자세를 취하고 있다

이었다. 젊은 백인 청년들이 계속 나무에 올라가서 밑으로 뛰어내리고 있었다. 너무 실망스러워 한국인 단체여행객을 이끌고 있는 한국인 가이드의 말을 무시하고 블루 라군 바로 위의 산속에 있는 동굴에 들어가 보기로 하였다. 여기까지 와서 젊은이들 다이빙하는 것만 보고 돌아가기에는 너무 허망했다. 블루 라군에서 약 15분 동안 가파르게 산속으로 올라가는 것조차 어려웠다. 아주 뾰족한 돌들은 아니지만 돌길이 가파르게 위로 뻗쳐 있기 때문이다. 그 한국인 가이드 말에 따르면 동굴 속은 젊은 사람들도 때로는 부상을 당해서 나오니까 안 들어가는 게 좋겠다고 한 말을 다시 한 번 상기하면서 조심스럽게 동굴 속으로 들어갔다. 돌길로 올라오기 전에 약 1,300원 정도 되는 1만 낍을 주고 빌린 랜턴을 손에 쥐고 거의 기다시피 하면서 동굴 속으로 미끄러져 들어갔다.

과연 한국인 가이드의 말이 맞았다. 깜깜한 동굴에서 광부처럼 머리에 쓰는 랜턴을 손전등 삼아 손에 들고 거의 기다시피 돌아다니기를 40여 분. 고작 발견한 것은 동굴 한쪽에 환하게 켜 놓은 전등 밑에 누워 있는 불상뿐이었다. 또 다른 볼거리를 기대하면서 바위에 붉은 페인트로 표시된 화살표를 따라서 들어갔으나 너무 깊이 들어가는 것 같아 되돌아 나왔다. 돌들이 삐죽삐죽 나온 것도 문제지만 동굴 속이 습해서 미끄러운 것이 더 큰 문제였다. 동굴 속에는 7~8명의 관광객이 탐색을 계속하고 있었다.

호텔로 돌아가기 위해 블루 라군으로 돌아오니 여행사에서 보내 준 송태우 운전사와 한 젊은 여성이 와서 우리 가족과 함께 시내로 돌아가기를 희망해서 허락을 했다. 운전사에게 따로 돈을 지불한 그녀는 스페인 여성으로 스페인이 금융 위기를 맞았을 때 중국으로 가, 지금 광저우에서 일하고 있다고 했다. 고등학교와 학원에서 미디어에 관해 가르치고 있는데 이번 음력 연휴를 맞아 여행을 왔다고 한다. 방비엥에 도착해 저녁을 먹고 거리 산책을 나섰다.

두서너 식당에서 진풍경을 볼 수 있었다. 백인 젊은 남녀들이 저녁을 먹은

40분 동안 동굴 속을 랜턴에 의색하고 나와 동굴 입구에서 쉬고 있다

손전등이 필요한 동굴 속

동굴 속에 모셔놓은 와불

후, 바로 그 자리에서 텔레비전을 시청하고 있었다. 계속 웃음을 터트리는 것을 보니 TV에서는 할리우드의 코미디가 흘러나오는 것 같았다. 어떤 젊은이는 아예 드러누워서 자고 있었다. 이들은 어디에서 왔을까? 유럽에서 직접 온 관광객일까 아니면 중국을 비롯한 라오스 인접국에서 일하다가 여행을 온 사람들일까? 앉은 자세에 익숙한 것을 보면 아마 후자일 것 같았다. 확실히 지구촌은 좁아졌다. 어떤 기업인이 쓴 책의 제목이 『세계는 넓고 할

한 식당에서 저녁 식사를 끝내고 아주 편한 자세로
텔레비전을 시청하고 있는 백인 젊은이들

방비엥의 쏭 강에서 카야킹을 즐기고 있는 관광객들

일은 많다』고 했던가. 나에게는 세계는 좁고 사람들은 점점 가까워진다는
느낌이 들었다.

　원래 방비엥에서는 카야킹kayaking과 튜빙tubing이 유명하다. 카야킹은 2인
또는 3인이 노를 저어 쏭 강의 거친 물살을 가르는 뱃놀이다. 힘이 든다고 하
며 때로는 카야킹에 능숙한 현지인이 도와준다고 했지만 타지 않았다. 튜빙

은 말 그대로 커다란 튜브에 몸을 맡기고 상류에서 하류로 물 흐르는 대로 흘러가는 놀이이다. 중간에 강변 바에 들러 쉬었다 갈 수도 있다. 감기도 걸릴 수 있고 물에 들어가기 싫어서 모두 그만두니 방비엥에서 할 것이 아무것도 없었다. 액티비티의 천국이라고 하는 방비엥에서 아무것도 안 하고 가자니 아쉬움만 클 것 같았다. 여기서는 이 모든 놀이를 활동이라는 의미의 액티비티라고 불렀다.

줄에 매달려 한 나무에서 다른 나무로 이동하고 있는 광경

함께 정글 롤라이를 체험한 다국적의 젊은이들과 함께

그래서 도전하기로 한 것이 정글 플라이Jungle fly다. 한국에서, 남이섬으로 기억하는데, 한곳에서 다른 곳으로 줄을 타고 이동하는 줄타기 체험을 언젠가 텔레비전에서 본 일이 있는데 그와 똑같은 프로그램이었다. 현지 여행사에서 1인당 28달러를 주고 계약했다. 3만 원밖에 안 되지만 여기서는 비교적 비싼 가격에 속한다. 우리와 같이 프로그램에 참여하기로 되어 있는 젊은이들은 4명의 러시아 여성과 우크라이나 여성 한 명, 그리고 독일 청년이었다. 현재 모두 중국에서 일하고 있으며 연휴를 맞아 여행을 온 사람들이다.

여행사에서 제공해 준 미니버스를 타고 우선 정글로 향하였다. 30여 분쯤 비포장도로를 달려 정글에 도착했다. 내가 힘들고 어려우냐고 물으니 이 활동에 13년간 종사했다고 하는 현지인은 70대, 80대 노인들도 할 수 있다고 거듭 강조한다. 우리가 안 하겠다고 할까 봐서인지 한국말로 하나투어까지

수려한 방비엥의 산악을 배경으로 쑹 강에서 보트를 타고 있다

들먹였다. 두 사람의 훈련 안내인이 우리 모두에게 헬멧과 안전 장비를 하나씩 갖춰 준 다음, 요령과 기술을 가르쳤다. 그리고 한 사람씩 줄을 직접 타게 하면서 실습을 시켰다. 프로그램은 8개의 줄타기와 다섯 개의 흔들거리는 외나무다리 걷기와 마지막으로 위에서 수직으로 낙하해서 내려오는 것으로 짜여 있었다. 왼손으로는 줄에 매달려 있는 안전벨트를 꽉 쥐고 오른손은 갈고리로 되어 있는 한국산 참나무를 줄에 걸고 속도를 조절해야 하는 등 한쪽 나무에서 다른 쪽 나무로 이동하는 활동이 결코 쉽지는 않았다. 아무래도 안전하지 않을까 봐 불안해서 다 끝났을 때는 솔직히 말해서 재미있게 즐겼다기보다는 해냈다는 성취감이 더 높았다. 우리가 가끔 신문이나 방송에서 80대나 심지어 90대의 노인들이 높은 산이나 스카이다이빙을 하는 뉴스를 보게 되는데 그 사람들도 그런 심정이리라고 짐작되었다.

호텔로 돌아오자마자 옷을 갈아입고 보트장으로 향하였다. 방비엥에서 마지막으로 예약해 놓은 놀이라서 이것을 마치면 이곳에서의 일정은 모두 마무리된다. 보트놀이는 한 시간 동안 쏭 강의 상류까지 갔다 오게 되어 있는데 벌써 저녁때가 가까워서인지 바람이 조금씩 차지는 느낌이다. 정글에서 좀 더 일찍 돌아와서 탔으면 좋았을 걸 하는 생각이 들었다. 그런데도 간간이 아직도 튜빙 하는 백인들을 보면서 그 젊음과 강인한 체력을 부러워하는 것은 현재를 감사히 생각할 줄을 모르는 노욕에서 온 것일까?

저녁을 먹고 호텔로 돌아오는 길에 전에 간 적이 없는 길로 들어서니 또 백인 젊은이들이 북적대면서 식사도 하고 술을 마시는 식당들이 죽 늘어서 있었다. 식당들에 문이 없기 때문에 모두 열려 있어서 길 가는 사람들이 금방 안을 볼 수 있다. 한 식당에서 젊은이 둘이 뛰어나오더니 옆의 주류점의 진열장에서 맥주와 소주를 끄집어내다가 나와 마주쳤다. 그 백인 젊은이들 손에 소주가 쥐여져 있는 것을 보고 내가 깜짝 놀라자 그중 하나가 웃으면서 "소주 맛있어요."라고 해서 나는 또 한 번 놀랐다. 이곳의 백인들은 아시아 각국을 헤집고 돌아다니는 젊은이들이라는 게 또 한 번 분명해졌다.

방비엥은 이런 젊은이들에게 천국이나 다름없었다. 거리에 사람도 많지 않아서 자전거나 오토바이를 렌트해서 농촌 길을 돌아다니거나 카야킹, 튜빙을 하거나 코끼리 동굴을 탐험하기도 하고 트레킹 등 각가지 활동을 할 수 있다. 그리고 저녁에는 식당에 모여 술을 마시고 춤도 춘다고 한다. 이 모든 레크리에이션을 저렴한 가격으로 즐길 수 있으니 이보다 더 좋은 곳이 어디 있겠는가? 또 한 가지, 그렇게도 술을 마시고 노는데도 방비엥이나 비엔티안에서도 길거리에서 고성방가하는 사람은 한 사람도 보지 못했다. 더구나 방비엥에서는 3일째 떠나는 날 딱 한 번 경찰관을 보았을 뿐이다. 범죄도 거의 찾아볼 수 없는 것 아닌가 하는 인상을 받았다.

루앙 프라방은 어떤 곳일까? 한 마디로 라오스의 경주라고 할 정도로 역사적 유물이 많고 사원과 왕궁, 소수 민족의 옛 풍습 등이 잘 보존되어 있다고 해서 루앙 프라방은 1995년에 유네스코 세계문화유산으로 지정되었다. 그런데 루앙 프라방으로 가는 길은 너무 멀었다. 버스로 일곱 시간 가야 되는 거리이다. 방비엥에는 비행장이 없다. 우리는 사회의 기본적 시설인 인프라스트럭처infrastructure를 인프라라고 줄여서 말하는데 사회주의 체제의 인프라가 형편없다는 사실은 우리 모두가 잘 알고 있다. 라오스도 예외는 아니다.

방비엥의 버스 터미널에서 버스가 출발한 시각은 오전 10시 30분이었다. 일곱 시간이 걸리니 하루 종일 버스에 시달려야 한다. 버스는 낡기는 했지만 한국에서 자주 볼 수 있는 높은 관광버스였다. 승객은 30명 남짓해서 뒤로 갈수록 빈자리가 많이 눈에 띄었다. 버스는 두 시간, 또는 두 시간 반 만에 한 번씩 쉬었는데 정말 지루한 여행이었다. 몇 칸 넘어 뒷좌석의 라오스인 모녀는 멀미를 하는 듯했다. 어떻게 알았는지 조수가 와서 멀미 봉투를 전하고 갔다.

루앙 프라방으로 가는 길은 첩첩산중을 뚫고 가는 길이었다. 산을 올라가면 대부분의 경우 산을 내려간 다음 평지도 달리고 또 산을 만나면 올라가는 것이 보통이다. 그런데 이번의 버스여행은 언제나 산 중턱에서 또 다른 산을 만나서 가기 때문에 산을 내려가는 법이 없었다. 첩첩산중을 뚫고 가는 길이었다. 이래서 프랑스는 라오스의 경제성을 과소평가한 것일까? 라오스가 사회주의 체제를 경험한 지 거의 40년이 되었는데 우리가 그런 상황에 처했다면 도로와 교통수단을 이대로 방치했을까? 개발이 만능은 아니지만 아마도 우리는 도로를 넓히고, 철도를 놓고, 터널을 뚫고, 활주로를 닦았을 것이라고 상상의 날개를 펼쳐본다. 어느덧 버스는 루앙 프라방에 닿았고 야시장이 서기 때문에 송태우가 들어갈 수 없다고 해서 100미터 되는 거리를 가방을 끌고 호텔까지 갔다. 저녁을 먹기 위해 손님이 많이 앉아 있는 곳으로 골라, 그곳에서 식사를 했다. 라오스 음식은 그런대로 입맛에 맞았다. 생선요리나 돼지고기, 샐러드나 볶음밥 그리고 야채 요리도 나쁘지 않았다. 그런데 식사 중에 전기가 나갔다. 두 번째 맞는 정전이다.

라오스에서 급한 대로 관광객들이 가장 많이 사 먹는 음식이 샌드위치다. 하나에 1,300원꼴인 1만 낍으로 속은 햄, 치킨, 베이컨, 참치 등 여러 가지이지만 바게트 빵을 써서 맛있기 때문이다. 방비엥에서 루앙 프라방으로 오는 7시간의 버스여행에서도 샌드위치를 미리 준비해와 점심을 잘 때울 수 있었다. 다음 날 꽝시 폭포를 찾았다. 시내에서 인근이라고 했는데 미니버스로 거의 40분이 넘게 걸렸다. 꽝시 폭포는 웅장하지는 않지만 물빛이 파랗고 아래는 천연 수영장 구실을 하면서 사람들의 물 놀이터가 되고 있다. 시간이 없어 폭포 위쪽으로 올라갔다가 내려오는 트레킹 코스를 밟지 못한 것이 아쉬웠으나 어쩔 수 없었다.

루앙 프라방의 아침은 승려들이 공양을 받는 탁발 의식으로 시작해서 늦은

푸른빛을 띠는 물빛이 아름다운 루앙 프라방에 있는 꽝시 폭포

▲아침에 신도나 외국인들은 보시를 하고
승려들은 공양을 받는 탁발 의식

▼푸씨 산에서 내려다 본 루앙 프라방의 모습

루앙 프라방의 푸씨 산에서 바라 본 일몰 광경

오후에는 328개의 계단으로 되어 있는 푸씨 산에 올라가서 석양이 지는 것을 본 후 야시장을 구경하는 것으로 하루를 마무리 짓는다. 야시장의 주인들은 모두 아줌마들이며 휴대폰들은 가지고 있는 것 같지만 그들이 팔고 있는 상품은 대부분 손으로 만들거나 짠 수공예품들이다.

루앙 프라방에서의 마지막 밤에 우리는 또 정전을 겪어야 했다. 초 두 개를 가지고 버티었지만 우리가 잠이 들 때까지 전기는 들어오지 않았다. 아침에 호텔 종업원이 변명하기를 인근에 화재가 나서 그렇게 되었다고는 하지만 도무지 이해가 안 되었다. 라오스의 산업화는 언제나 이루어질까? 산업화의 규모와 속도는 한 나라 국민들의 국민성과도 관련이 있을까? 유순하고 순박하게만 보이는 라오스 사람들. 좀 더 영악스럽고, 끈질기고, 집착하는 모습을 이 사람들한테서는 조금도 찾아볼 수 없다. 비록 사람들의 이런 속성이 아니더라도 산업화를 이루기 위해서는 어떤 근성이 필요한데 이런 기운이나 기백을 이 나라에서 아직은 느낄 수 없었다.

루앙 프라방에서의 마지막 날 여정은 메콩 강을 따라 1시간 20분 동안 배를 타고 가야 볼 수 있는 빡 우 동굴을 찾아가는 프로그램이었다. 저녁에는 비행기로 비엔티안으로 돌아가야 하기 때문에 호텔에서 체크아웃, 짐을 호텔 로비에 맡기고 떠났다. 라오스를 잘 아는 한국 사람이 불교신자가 아니면 권하지 않는다는 이야기를 듣고 떠났다. 정말 오랫동안 뱃길 따라 보고 온 것은 동굴에 모아놓은 불상들뿐이었다. 결국 이번 여행에서는 처음부터 끝까지 가지 말라는 권고를 무시하고 이곳저곳 찾아다니는 모양새가 되어버렸다.

루앙 프라방에 돌아와서 우리와 함께 보트를 탔던 몰타에서 온 가족과 헤어졌다. 그 가족은 현재 베트남에서 일하고 있다고 했다. 저녁에 비엔티안으로 가는 비행기를 타기 전에 늦은 점심이라도 먹기 위해 비교적 팬찮은 고급 식당으로 들어갔다. 우리 가족 셋이서 잘 먹고 치른 금액은 한국 돈으로

메콩 강변에 불상을 모아 놓은 빡우 동굴을 구경하고 있는 관광객들

약 2만 7천 원이었다. 한국에서 큰 피자 한 판 시켜 먹은 가격밖에 되지 않았다. 라오스에서 비교적 물가가 비싸다는 루앙 프라방, 이제까지 바가지를 썼다는 느낌을 한 번도 못 느껴 본 까닭은 기본적으로 물가가 싸기 때문이라고 생각했다. 그러고 보니 사람들도 좋고 저렴한 물가 때문에 나의 고등학교 동창 친구 중의 하나가 베트남과 라오스를 입에 침이 마르도록 칭찬하지 않았나 싶었다.

아직도 시간이 많이 남아 왓 씨왕통Wat Xieng Thong 사원으로 향하였다. 시내에서 도보로 15분밖에 안 되는 거리에 있으며 루앙 프라방에서 가장 아름답게 여겨지는 사원으로, 언제나 관광객의 발걸음이 끊이지 않는 곳이다. 1560년 라오스에서 유명한 왕인 세타티랏 왕에 의해서 지어졌으며 1975년 혁명이 일어나기 전까지는 왕실의 후원을 받으며 관리되었다. 이 사원을 본후 송태우를 타고 왓 위쑨나랏Wat Visunalat이라는 사원을 하나 더 보고 루앙 프

라오스 전통 건축양식으로 지어졌으며 아래로 뻗은 지붕이 아름다운 왓씨앙통 사원

라방의 여정을 마감했다.

　루앙 프라방 공항에서 비엔티안 공항까지는 비행기로 40분이 채 안 걸렸다. 비엔티안에서 방비엥까지 버스로 3시간 반, 방비엥에서 루앙 프라방까지 7시간의 지루한 버스 여행을 이미 경험한지라 문명의 이기가 주는 혜택을 처음 맛보는 기분이었다. 비엔티안의 공항에서 네 시간 동안 한국행 비행기를 기다리면서 나는 다시 한 번 라오스의 산업화와 근대화를 생각해 보았다. 물론 산업화 또는 공업화의 부정적인 측면을 모르는 바는 아니다. 중국, 베트남 등이 점점 산업화되면서 사람들의 행동이 많이 달라지고 있다는 이야기를 우리는 많이 듣고 있다. 그래도 좀 더 잘 살려면 산업화가 몇 가지 방법 중 한가지라고 생각한다. 두 번의 긴 버스 여행에서 나는 한 번도 차창을 통해 공장을 본 기억이 없다. 공장은 기술을 습득하고 상품을 만드는 것 이상으로 가치, 태도, 행동양식을 습득시키며, 역할을 훈련하는 장소이며 현대 생활에 적응하는 데 도움을 준다.

　공장보다 더 강력한 요인은 교육이다. 나는 라오스의 교육열이 얼마나 강한지 모른다. 나는 라오스에 학교와 공장이 더 많이 지어져 이왕 거쳐야 할 과정이라면 산업화와 근대화의 길로 더 빨리 진입하기를 바란다. 물론 라오스를 방문한 그 많은 서양의 관광객들은 지금의 라오스를 편하게 생각하는 것 같았다. 또 더 많은 관광객이 라오스를 찾아올 것이다. 라오스를 여행하는 한국인들이 많지 않을 것이라는 나의 예측도 빗나갔다. 자정이 가까워오자 한국행 비행기 두 대가 연달아 실어 날라야 할 만큼 승객이 많이 몰렸다.

　2월 2일 일요일 아침, 장기 주차해 두었던 자동차를 끄집어내 서울로 몰고 들어올 때 4차선의 경인고속도로는 어느 선진국의 도로 못지않게 훌륭해 보였다. 이제 막 산업화와 세계화에 첫발을 떼어놓은 라오스를 보고 온 후라 그 느낌은 더욱 강렬하였다.

　여기까지가 2월 13일 내가 라오스를 보고 와서 쓴 여행기이다. 그런데 다음 날 14일 22:00시 'KBS 파노라마'라는 프로그램에서 긴급 입수한 북한의

생생한 영상을 보고 이와 같이 몇 자 더 추가하지 않을 수 없었다. 한마디로 충격을 받았기 때문이다. 북한의 모습을 한두 번 본 것도 아닌데 무얼 새삼스럽게 충격을 받느냐고 할지 모른다. 그러나 이번은 다르다. 사회주의 국가인 라오스를 보고 왔기 때문이다. 평양을 제외하면 내가 본 비엔티안, 방비엥, 루앙 프라방은 북한 영상에 나온 평양에서 60km 떨어진 평성, 그리고 중국과 접경해 있는 혜산, 신의주보다 형편이 훨씬 낫다. 내가 절망할 정도로 북한은 하나의 국가같이 보이지 않았다.

2012년 세계은행 자료에 의하면 라오스의 1인당 국민소득은 1,270 달러이고 최근의 한 자료에 의하면 북한은 818 달러로 나와 있다. 지금 북한의 실정은 내가 생각한 것보다 훨씬 열악하다. 열악한 정도가 아니라 나라가 위기에 처해 있을 정도로 절박해 보인다.

1970년대 초까지 북한은 정말 잘나갔다. 당시 북한은 제3세계, 특히 자본주의 체제와 사회주의 체제 둘 중 어디에도 속하지 않겠다는 인도의 네루와 인도네시아의 수카르노가 이끌던 비동맹 체제의 많은 나라로부터 열렬한 지지를 받았다. 왜냐하면 주체사상과 자력갱생을 내세웠기 때문이다. 제3세계의 기자들과 후진국의 저발전을 선진국의 식민지와 착취의 탓으로 돌리는 종속이론에 심취한 학자들이 북한으로 몰려와 북한의 자력갱생 自力更生을 입에 침이 마르도록 칭찬했다. 그러면 외국 기술과 자본을 도입하지 않기 위해 외국트럭을 한 대 들여와 겉에서부터 해체해서 나중에 엔진 해체에 이르기까지 120번씩 뜯었다 붙이기를 반복해서 자체적으로 기술 습득을 했다고 김일성은 자랑했다.

자력갱생이 북한을 고립시킬 것이라는 것을 그 당시는 몰랐다. 자력갱생이 세계의 다른 나라들과 상호 의존되어 있는 관계를 차단시키는 결과를 가져올 것이라는 것을 그때는 알 수 없었다. 자력갱생이라는 것이 국토의 균형발전을 지체시킨다는 것을 그 당시는 알 리가 없었다. 그동안 글로벌화로 세계는 더욱 좁아져서 각국은 떼려고 해도 뗄 수 없는 상호의존의 시대로

접어들었다. 라오스마저 얼마나 많은 외국인들이 넘쳐나고 있는가. 북한이 그저 안쓰럽기만 하다. 그래도 북한 내에 정보통신 기술의 확산으로 조그만 변화의 조짐이 보이는 것 같아서 기대가 되기도 한다. 독재자가 내부의 불만을 잠재우기 위해 외부에서 적을 찾아 도발할 가능성이 있다는 가설은 정치학을 비롯한 사회과학에서 이미 입증되어 하나의 이론이 되었다. 또 전쟁이나 혁명이 일어나기 전에 지배계급이나 지배층의 분열이 일어난다는 사실도 잘 알려져 있다. 북한은 지금 그러한 상황에 처해 있기 때문에 한반도에 긴장이 감돌고 있다. 나는 한국과 미국의 정보망에 신뢰를 가지고 있으며, 무엇보다도 한반도에 전쟁이 일어나면 현재 산업화를 꾸준히 진행시키고 있는 중국의 계획은 큰 차질을 빚을 것이다. 더구나 불안정한 위구르와 티벳을 안고 있는 중국은 한반도에서 벌어지는 전쟁 상황을 조금도 용인하지 않으리라고 본다. 또한 중국은 80년대에 미국과 군비경쟁에 휘말린 구소련의 전철을 밟지

않으려고 하고 있다. 우리의 안보를 미국과 중국의 힘에 의지하려는 이런 생각에 나 자신 부끄러움을 느끼고 있지만 이것이 냉엄한 국제정치의 현실인 것을 어찌하겠는가? 정말 안타까운 마음을 금할 수 없다.

순전히 개인적인 소견이지만 김정은 정권이 무너져도 북한은 군부독재로 어느 정도 유지되리라고 보았는데 이제 급박한 사태가 벌어질 상황도 배제할 수 없다는 생각이 들었다. KBS의 해설자가 "현재 북한은 '변하지 않으면 굶어죽는다'는 지방과 '변하면 권력을 유지할 수 없다'는 평양, 이 두 개의 공화국으로 나뉘었다"라는 말이 여운을 남긴다. 만일 급박한 사태가 날 경우, 사회주의 국가에서는 수도가 아닌 지방에서 폭동이 먼저 터진다는 사실은 우리가 동구의 혁명에서 많이 보아왔다. 이 가능성은 북한의 경우에는 훨씬 더 커 보이는데 한반도의 운명을 우리가 통제할 수 있기를 기원할 뿐이다.

2014. 2. 15

03

포르투갈
스페인
모로코

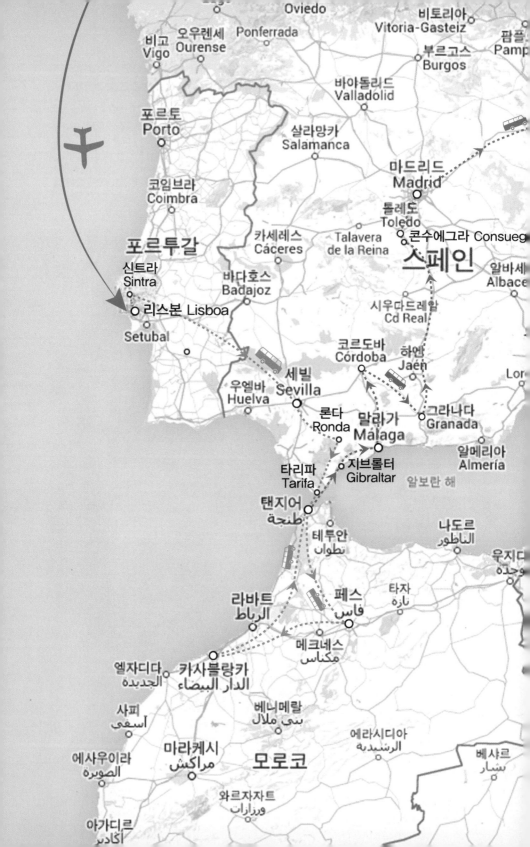

과거의 영광과 오늘의 현실
스페인, 포르투갈, 모로코의 이야기

스페인 하면 나는 독재자 프랑코와 최근 수년 동안 뛰어난 활약상을 보이고 있는 축구팀을 연상하게 된다. 왜 프랑코냐 하면 내가 유학 생활을 하던 70년대 중반에 스페인에서 프랑코의 독재가 막을 내리고 민주화의 시기로 이행하던 과정이 나의 관심을 끌었기 때문이다. 뿐만 아니라 스페인은 최근 금융 위기에 처해 있어 이번 여행의 초점은 아무래도 스페인으로 쏠리지 않을 수 없었다.

암스테르담을 경유, 리스본에서 시작하는 여정은 12일 동안 이베리아 반도의 스페인과 포르투갈, 그리고 북아프리카 모로코의 여러 도시를 둘러보는 것으로 짜였다. 암스테르담까지 11시간 30분, 약간의 체류 시간까지 더해서 3시간을 더 가야 포르투갈의 리스본에 도착하는 긴 여행이었지만 암스테르담에서 옆자리에 탄 60대 중반의 포르투갈 신사가 자주 말을 걸어 주어서 어느 정도 지루함을 면할 수 있었다. 박식한 노인이라 한국과 서울에 관심이 많았고 대화는 우리의 언어인 한글에까지 이어졌다. 그래도 자기는 포르투갈이 기후 좋고, 음식값이 싸서 제일 살기 좋은 나라라고 생각한다는 말을 잊지 않았다.

인구 1,070만 명에 남한 정도의 면적을 가진 포르투갈, 축구선수 호날두로 유명한 포르투갈, 유럽에서도 비교적 작은 국가에 속하지만 한때는 최고의

벨렘탑의 엔리케 왕자 동상. 대양을 향해 맨 앞에 서 있는 사람이 엔리케 왕자

강대국가로 명성을 떨친 때가 있었다. 스페인도 마찬가지 경우이다. 이베리아 반도의 이 두 나라가 15세기와 16세기에 강대국의 한자리를 각각 차지할 수 있었던 힘은 도대체 어디에서 나온 것일까? 그리고 그런 힘을 국력으로 키워 나라를 부강하게 만든 지도자는 누구였는가? 그것은 이 두 나라가 일찍이 바다에 눈을 돌리고 대양을 지배했기 때문이며, 이를 선두에서 진두지휘한 지도자는 포르투갈의 엔리케 왕자와 스페인의 여왕인 이사벨 1세이었다. 특히 포르투갈은 스페인에 앞서서 해양국가로 유럽에서 제일 먼저 발돋움하였다.

인구 200만 명의 리스본에서 제로니모 수도원을 구경하고 벨렘 탑으로 갔더니 마침 국제요트 경기가 열리고 있었다. 벨렘 탑에서는 엔리케 왕자가 일군의 탐험가, 지리학자, 해양학자, 선원 등을 이끌고 제일 앞에서 대양으로 향하는 모습의 동상이 보였다. 엔리케 왕자는 14세기 말 아비스 왕조를 창시한 후안 1세의 3남으로 왕위는 계승하지 않았지만 일생 동안 학자와 조선 기술자, 선원을 모아 해양 연구소와, 항해 학교, 조선소를 세우는 등 항해 지원 사업에 혼신의 힘을 쏟았다. 그 결과 포르투갈의 범선이라고 알려진 돛배가 개발되었고, 지도 제작술이 발전하였고 해상교역이 활발해졌다.

엔리케는 그 자신이 항로를 발견하기 위해 직접 나서지는 않았지만 후에 아프리카 남단의 희망봉을 돌아 인도로 가는 항로를 발견한 바스코 다가마나 아메리카 대륙을 발견한 콜럼버스, 그리고 마젤란이 세계 일주를 떠날 수 있었던 것도 모두 엔리케가 깔아 놓은 해상 인프라 덕분이었다. 그는 1460년 66세를 일기로 생을 마감할 때까지 미혼으로 있었다. 그러나 한편 그가 열어 놓은 해양의 길은 스페인, 영국, 프랑스, 네덜란드 등 유럽 열강들이 식민지 확장의 길로 들어선 단초를 제공하기도 했다. 특히 국가 간에 식민지를 둘러싼 치열한 경쟁과 활발한 해상 무역을 촉진한 결과 팩스 브리태니카와 팩스 아메리카나 시대가 열릴 수 있도록 기여했다는 점에서 '죽 쒀서 개 주었다'는 자조 섞인 평가도 있다고 한다. 좀 더 부연하면 국제적으로 당사국인 포르투갈이 강대국의 위치를 누린 시기는 겨우 50여 년에 불과했을 뿐이고, 대신 영국을 비롯한 서유럽 국가들이 국부를 쌓고 식민지를 획득하는 데 도움을 주었기 때문이라고 한다.

대서양에 접해 있는 리스본은 양쪽 해안의 언덕을 연결해 주는 교각 등과 높지 않은 건물들로 이루어져 특이한 인상은 못 받은 채 서북쪽으로 이동하여 포르투갈의 땅끝 마을인 까보다로가로 이동하여 해변 절벽 위에서 대서양을 바라보았다. 그곳에서 일직선으로 여섯 시간 걸리는 곳이 뉴욕이라고 한다. 포르투갈의 민족시인 까몽에스가 '이곳이 땅이 끝난 곳인가, 바다가 시작되는 곳인가'라고 읊었다는 유라시아 대륙의 최서단에 위치한 곳이라 관광객을 실은 버스들이 계속 들어오고 있었다. 우리나라의 땅끝인 해남 주변에는 두륜산과 대흥사, 그리고 멀리 점점이 보이는 섬들 때문에 볼거리가 제법 많은데 그에 비하면 이곳은 망망대해만 보일 뿐, 황량하기 짝이 없었다.

까보다로가에서 조금 내륙 쪽으로 남하해서 중세적 분위기를 간직하고 있는 조그만 도시, 신트라를 방문하였다. 이곳은 영국의 시인 바이론이 낙원이라고 극찬했다고 하는데 예전의 포르투갈의 귀족들 별장이 언덕에 많이 자리 잡고 있었다. 포르투갈을 떠나기 전에 또 하나의 도시를 본 것이 파티마이다. 파티마에는 30만 명을 수용할 수 있는 광대한 광장을 가지고 있는 대성당이 있는데, 광장 한쪽의 성모 마리아의 발현을 목격했다는 곳에 많은 사람들이 경건히 앉아 있거나 서 있었다. 인구의 94%가 카톨릭 신자라고 하

성모 마리아의 발현 장소까지
깔려 있는 카펫 위를 무릎으로 이동하고 있는 신도들

는 이 나라에서 파티마는 신도들이 끊임없이 찾아오는 곳이었다. 신심이 깊은 신자들이 광장 입구에서부터 성모 발현지까지 비스듬하게 깔려 있는 카펫을 따라서 두 손을 모으고 무릎으로 서서히 이동하는 광경은 특히 인상적이었다.

포르투갈을 벗어나 스페인으로 들어와서 맨 처음 만난 도시가 세비야세빌이다. 세비야세빌는 마드리드에서 남서쪽으로 540km 떨어져 있는 스페인에서 네 번째로 큰 도시이다. 마드리드에서 오면 고속전철로 2시간 반 만에 도착할 수 있지만 우리는 포르투갈로부터 들어왔다. 도시를 북에서 남으로 가로지르는 과달키비르 강의 상류 연안에 자리 잡은 이 도시의 인구는 약 70만으로 관광객이 많이 찾는 곳이다. 엄청난 규모의 세비야 대성당과 마리아 루이사 공원 안에 있는 스페인 광장은 너무나 유명한 곳이기 때문이다. 탭댄스나 프랑스의 캉캉도 아니고 스페인 특유의 플라멩코를 내가 직접 보게 된 것도 이곳에서다. 바로 이 스페인 광장에서 배우 김태희가 모회사 휴대폰 광고를 위해 플라멩코를 춘 일도 있다고 한다.

세비야세빌는 또 크리스토퍼 콜럼버스가 신세계를 향한 대항해를 시작한 곳이고, 그를 지원한 사람이 다름 아닌 이사벨 여왕이었다. 이사벨이 태어났을 때에는 스페인은 카스티야 왕국, 그라나다 왕국, 아라곤 왕국 등으로

나누어져 있었다. 그녀는 카스티야에서 태어난 공주지만 통치자의 이복동
생으로 끊임없이 오빠의 견제를 받았고, 또한 왕권 강화를 반대하는 귀족들
의 세력을 극복하면서 끝내는 유대교와 이슬람을 몰아내는 데 성공함으로
써 실질적으로 스페인을 통일하였다. 그녀는 레콩키스타 잃어버린 국토를 되찾는
운동를 한시도 소홀히 하지 않았다. 그리고 이교도를 물리치고 카톨릭을 열
렬히 수호했을 뿐만 아니라 유능한 관료들을 양성하고, 학문과 예술에도 관
심을 기울였다.

　　그녀는 이슬람과의 10년 전쟁으로 국고는 바닥이 난 데다 콜럼버스를 사

기꾼으로 보는 주위의 만류에도 불구하고 그와 협상을 벌여 결국 1492년 아메리카를 품에 넣음으로써 스페인의 황금시대를 열었다. 그녀는 포르투갈의 엔리케 왕자와 마찬가지로 대양으로 눈을 돌려 국력을 배가시켰다. 그 후 수백 년이 지나 피레네 산맥 이남은 유럽이 아니라는 비웃음을 받을 정도로 스페인은 쇠락을 거듭해서 계속 그림자 속에 있다가 1990년대에 고속 성장으로 다시 빛을 보게 되었다. 이제 재정 위기에 처한 스페인을 찾아서 무슨 이유 때문에 다시 이 나라에 그림자가 드리워졌으며, 그 고통이 어느 정도인지 살펴보는 일이 나에게는 흥밋거리가 아닐 수 없었다. 일정상 모로코를 다녀와서 스페인의 과거와 현재를 좀 더 살펴볼 것이다. 세비야세빌에서 더 남쪽으로 서너 시간 버스를 타고 가면 투우의 도시, 론다가 있는데 너무 잔인해서 이제는 투우장과 기념관이 있을 뿐이고 주위에 아주 깊은 계곡들을 둘러보는 관광이 오히려 사람들의 시선을 끌고 있었다. 론다에서 꾸불꾸불한 산을 두어 개 넘으니 멀리 영국령인 지브롤터만이 보이면서 스페인 최남단의 항구인 타리파가 나타났다. 우리는 이곳에서 페리를 타고 아프리카의 모로코 최북단 도시인 탕헤르탠지어에 도착하였다. 안내서에는 페리라고 했지만 버스와 승객을 분리해서 실어 나르는 대형 선박으로 두 대륙 간에 걸리는 시간이 1시간 10분밖에 안 걸리니 지브롤터 해협의 유럽과 아프리카의 양쪽 해안이 얼마나 가까이 있는지를 알 수 있었다.

북아프리카의 서쪽에 위치해 있는 모로코는 인구 3,000만의 회교 국가로 면적은 한반도의 3.3배이고 1인당 국민 소득은 4,000달러도 안 된다고 해서 그런지 차창 밖의 광경은 삭막한 느낌을 주었다. 산림이 울창하고 올리브 밭이 잘 관리되고 있는 스페인과 포르투갈에 비하면 별로 보잘것없어 보였다. 특히 스페인은 전 세계 올리브 수출의 33%를 차지하고, 그 재배 면적은 전라남북도, 충청남북도를 합친 크기에 이른다고 하니 그 규모를 가히 짐작할 수 있을 것 같다. 여하튼 황량한 모로코의 산하를 버스로 지나면서 60년대 초에 3년 동안 복무한 군대 생활이 갑자기 생각난 것은 나 자신에게도 뜻밖

▲가방 등 각종 가죽제품을 파는 판매장에서 내다본 야외 가죽 염색공장
▶▲모로코 도시 페스 내의 주거겸 상점이 있는 메디나 속에서 짐을 나르는 당나귀

이었다. 장교나 사병 모두 너 나 할 것 없이 떼를 입히거나 나무를 심기 위해 한 달에 몇 번은 산꼭대기나 산 중턱에서 보냈기 때문이다. 산에 나무만 많아도 풍요롭게 보이는 것은 나만의 생각일까? 이런 생각을 하면서 페스라는 모로코의 도시에 도착하였다.

페스는 모로코에서 두 번째로 큰, 인구 백만의 도시이다. 페스는 성벽 내에 위치한 상점 겸 주거지를 일컫는 메디나와 가죽 염색공장으로 유명하다. 페스는 9세기에 지어졌다고 하는데 이슬람 도시의 옛 모습을 그대로 보여주고 있었다. 성벽 안의 재래시장은 주거지를 겸한 각종 상점들이 다닥다닥 붙어 있고, 차량은 다닐 수 없을 정도로 골목길은 좁아서 운송 수단으로 당나귀를 이용하고 있었다. 성벽 안에 그런 골목길이 9,000여 개나 되어 한번 길을 잃으면 빠져나올 수 없을 정도로 거대한 미로를 형성하고 있었다. 야외에 설치된 거대한 가죽 염색공장 역시 그 특유의 냄새와 함께 진풍경을 보여주었다. 페스에서 서남쪽으로 더 내려와서 드디어 카사블랑카에 도착하였다.

인구 550만의 카사블랑카는 모로코 제일의 상공업 도시지만 우리에게는 험프리 보가드와 잉그리드 버그만 주연의 명화 '카사블랑카'로 더 알려져 있다. 왜 다른 곳도 아닌 카사블랑카인가? 세계 제2차 대전 중에는 많은 사람들이 포르투갈의 리스본을 통해서 미국으로 건너갔다. 왜냐하면 당시 스페인의 프랑코는 독일의 히틀러와 이태리의 무쏘리니와 친밀한 관계를 가지고 있었기 때문이다. 그래서 유럽에 있던 사람들은 스페인을 우회해서 리스본을 통과, 미국으로 들어갔던 것이다. 두 사람간의 애틋한 연정이 아직도 식지 않았는데, 주인공이 목숨을 걸고 사랑하는 과거의 연인과 그 남편을 미국으로 탈출시키는 이 영화는 많은 사람들에게 사랑의 순수함을 일깨워 주기에 충분하였다.

　직접 가서 본 카사블랑카는 어떠했는가? 사람마다 느낌이 다르고 생각이 다르겠지만 나는 상당히 실망했다. 거리와 건물은 더럽고 낡았으며 그 모습은 뉴욕의 빈민가인 할렘가나 또는 22년 전 그 낡고 지저분한 모양에 실망을 느꼈던 상하이의 옛 모습과 다름이 없어 보였다. 스페인어로 '카사'는 '집'이고 '블랑카'는 '하얀'이라는 의미로, 하얀 집과 영화에 담긴 로맨스만 생각하고 있었기 때문일까 여하튼 실망감을 가지고 호텔로 들어갔다. 카사블랑카에서 그나마 위안을 얻은 것은 다음 날 아침 일찍 하산 메스키다라는 이슬람 대사원을 방문하고서다. 대서양을 메 꾼 뒤 건축한 사원답게 주위는 바다로 둘러싸여 있고 그 웅장함에 압도되지 않을 수 없었다. 약 6천 평의 대지 위에 건축된 이 사원은 3만 명이 동시에 예배를 볼 수 있는 거대한 세계 3대 사원 중의 하나라고 한다. 카사블랑카에 실망한 나머지, 그 북쪽에 위치한 인구 63만 명의 모로코의 수도 라바트에서 모하메드 5세의 왕릉과 하산 탑 등을 관광한 후 지브롤터 해협을 건너 하루빨리 스페인을 본격적으로 보고 싶은 마음만 간절하였다. 카사블랑카를 보기 위해 지중해를 건너 10시간 동안 차를 타고 내려왔다가 돌아가는 나에게, 모로코는 또 하나의 실망을 안겨주는 일이 있었다. 실망이라기보다는 애틋하고, 안타까운 일이라고 할 수 있다. 어린아이들이, 때로는 젊은이들이 기회만 있으면 관광버스 밑으로 들어가서 버스에 실린 채 배를 타고 유럽으로 넘어온다고 한다. 아침에 호텔밖에 세워 놓은 버스 주위에도 어린아이들이 서성거리고 있었다. 버스 밑에는

대서양 옆에 세워진 카사블랑카에 있는 하산 이슬람 대사원

차를 고치기 위해 정비공들이 드나드는 긴 굴 같은 공간이 있는데 그런 곳에 숨어서 국경을 넘어온다고 한다. 그렇게 해서 벌써 7만 명이 유럽으로 넘어 갔다는 것이다. 마치 멕시코에서 차량의 온갖 부분에 붙어 미국으로 넘어가 는 경우와 똑같은 현상이 벌어지고 있었다. 때로는 가이드나 운전사들이 너 무 불쌍히 여겨 묵인하는 경우도 있다고 한다. 우리 버스의 경우는 톨게이트 에 차가 서행으로 접근할 때 두 아이가 버스 뒤에 붙어 있다가 도망가는 것 을 모로코 현지 가이드가 격렬하게 돌을 던져 쫓아내는 광경이 보였다.

현지 가이드와 헤어질 때 오해를 받지 않기 위해 조심스럽게 귓속말로 '이 나라에는 혁명이 안 일어나나'라고 속삭이니까 씨익 웃으면서 '피스풀 컨트 리'라고 짤막하게 대답했다. 아직도 왕정국가로서 모하메드 6세가 통치하고

있는 이슬람 국가인 모 로코는 발전하려면 좀 더 시간이 걸려야 할 것 같았다. 이제 지중해를 건너기 위해 모로코 최 북단의 도시 탕헤르탠 지어로 다시 왔는데 바 로 이 도시가 지금 여수 에서 열리고 있는 엑스 포를 유치하기 위해 여 수와 경쟁하는 과정에 서 몇 표밖에 뒤지지 않 았다니 믿기지 않았다. 돌아오는 페리에서 내 가 본 대부분의 모로코 인은 체격이 건장하고

미하스의 하얀마을. 이 마을 밑으로 지중해와 황금해안이 펼쳐져 있다

한 지붕 아래 이슬람 사원과 천주교 성당이 함께 있는 코르도바 성당

피부색은 희거나 약간 까무잡잡해서 중동의 아랍인들과는 또 다르고, 새까만 아프리카 흑인들과는 아주 달랐다. 남부 스페인의 안달루시아 지방에 이슬람의 흔적들이 많이 남아 있는 까닭은 이사벨 여왕이 스페인을 통일하기 전에 그라나다 왕국은 이교도인 이슬람이 지배하고 있었기 때문이다.

이제 지중해를 다시 건너 제일 먼저 도착한 곳이 말라가이다. 말라가에서 얼마 안 떨어진 곳에 하얀 집들이 많아서 일명 '하얀 마을'이라고 하는 미하스 마을이 높은 산 중턱에 자리 잡고 있었다. 하얀 마을은 산으로 올라가는 꾸불꾸불한 도로 위에 있었다. 그곳에 올라가 마을의 전망대에 서니 탁 트인 시야에 들어온 광경은 한 마디로 절경이었다. 멀리 보이는 지중해와 일명 '황금 해안' 또는 '태양의 해변'이라고 불리는 말라가 해변이 그대로 한 폭의 그림과 같았다. 여행 중에 하루 오전 부슬비가 왔을 뿐, 태양은 언제나 빛나고 있었다. 스페인은 6월이 여행하기에 가장 좋고, 7, 8월만 해도 너무 덥다고 한다. 현재 세계에서 관광소득이 GDP에서 차지하는 비율로 볼 때 1위가 미국, 2위 스페인, 3위 캐나다, 4위 이태리, 5위가 중국이라고 한다. 관광지로서 스페인의 매력 중의 하나로 기후도 들 수 있을 것이다. 덥기는 하지만 습도가 없어서 그늘만 있으면 참을 만했다.

스페인에서 황금 해안이라고 하는 말라가는 휴양지로 매우 인기가 있으며 리조트 시설이 잘돼 있어서 유럽의 부호들이 많이 찾는 곳이다. 그래서 세계, 특히 유럽의 부자들이 결국은 살 것이라고 예상해서 건설경기를 타고 건축 붐이 일어나면서 아파트나 단독주택을 많이 지었다고 한다. 그런데 그 것이 부동산 거품이 되어 현재 스페인이 처한 위기 요인 중의 하나가 되었고 그 대표적인 예가 이곳 말라가라고 한다. 스페인은 9시 반이 넘어야 밤이 되는데 저녁을 먹고 해변 쪽으로 나가 보니 야외 음식점과 술집마다 사람들이 와인이나 맥주를 마시면서 마침 열기를 띠어가고 있는 유로 축구를 구경하고 있었다. 스페인을 아는 사람들은 이구동성으로 스페인 사람들의 국민성은 낙천적이고, 정열적이고, 금전 면에서 쩨쩨하지 않고, 착하다고 한다. 그런데 축구에서만은 양보가 없고 결국 이번에도 2008년 유로 축구, 2010년 월드컵에 이어 2012년 유로 축구 우승을 차지했다. 이것은 브라질을 비롯해서 어느 나라도 달성하지 못한 미증유의 위업이었다. 나는 투우, 소몰이 경기, 플라멩코 등에서 보이는 동작의 유연성이 축구에도 나타났다고 보는데 이 것은 순전히 나의 추측일 뿐이다.

말라가에서 북쪽으로 이동해서 도착한 코르도바는 2000년의 역사를 가지고 있는 옛 도시로, 특히 로마인과 이슬람의 영향을 많이 받은 도시이다. 그래서 카톨릭과 이슬람의 문화가 혼합된 메스키다 사원, 유대인의 거리와 꽃길 등 문화의 다양성을 느낄 수 있었다. 특히 사원 한가운데에 서 있는 기독교 성당은 도시의 지배세력이 바뀜에 따라서 도시의 문화가 바뀐 역사를 그대로 보여주고 있었다. 코르도바에서 이번에는 다시 남쪽으로 2시간 30분

그라나다에 있는 알람브라 궁전의 전경

알람브라 궁전의 내부 모습

정도 이동해서 그라나다에 도착하였다. 그라나다는 이슬람 문화의 최고 걸작인 알람브라 궁전이 있는 곳이다. 그라나다를 한눈에 바라볼 수 있는 언덕 위에 세운 이 궁전은 스페인 최후의 이슬람 왕조인 나스르 왕조의 무함마드 1세인 알 갈리브가 13세기 후반에 창립, 증축과 개수를 거쳐 완성되었다. 웅장함과 화려함으로 유명한 유럽의 궁전들과는 다르게 기하학적인 디자인으로 장식한 알람브라 궁전은 소박함과 환상적인 또 다른 모습으로 관광객들을 매혹시키고 있었다.

그라나다 다음의 목적지는 북쪽에 위치한 돈키호테의 고장 콘수에그라이다. 라만차에 살고 있는 시골선비가 당시 유행하던 기사도 이야기를 밤새 읽고 난 후 정신이상을 일으켜, 풍차를 거인으로 여기고 돌진하는가 하면 양떼를 군대로 여기고, 포도주가 든 가죽주머니를 상대로 격투를 벌이는 등 좌충우돌, 희비극을 벌리는 세르반테스의 작품은 어릴 때부터 우리가 들어온 이야기이다. 라만차의 콘수에그라는 풍차가 가장 많은 지역이다. 언덕 위의 풍차를 배경으로 사진을 몇 장씩 찍고 다시 지그재그로 남쪽으로 이동, 스페인의 옛 수도, 톨레도에 도착하였다. 작은 규모이기는 하지만 유네스코 지정 관광도시로 조용하고 아름다운 도시이다. 스페인 남부의 정치, 경제, 사회의 중심지였다가 1561년 수도가 마드리드로 이전됨에 따라 현재는 풍부한 문화유산이 많은 곳으로 유명하다. 엘 그레코의 명화가 소장되어 있는 산토 토메 교회, 톨레도 대성당과 구시가지 등을 둘러보고 오후 6시경에 마드리드에 도착하였다.

한 가지, 여행 전에 가졌던 스페인의 위기감을 표면적으로는 도무지 느낄 수 없었다가 마드리드에 와서 만난 교포의 이야기를 듣고 문제의 심각성을 확인할 수 있었다. 내가 이제까지 만나게 된 45세의 교포, 경제학 전공의 스페인 노신사, 65세의 교포, 이 세 사람이 말하고 있는 스페인 위기의 원인 네 가지 중 첫째는 부동산 거품, 둘째는 전원 복지의 사고방식이었다. 65세의

▶스페인의 라만차
▼마드리드 스페인 광장에 서 있는
돈키호테와 산초의 동상
▼▼마드리드의 왕궁

언덕에서 바라 본 톨레도 시가의 아름다운 전경

교포가 말하는 전원 복지는 모든 사람에게 선별 없이 무상으로 복지를 제공하는 보편적 복지를 뜻하는 것 같았다. 셋째는 스페인의 노신사가 지적한 정계와 금융계의 부정부패, 넷째는 한반도의 2.5배나 되는 국토에 자동차 도로, 철도망 등 인프라 구축에 엄청난 돈을 써 왔다는 것이다. 한마디로 절제 없는 낭비가 심했다고 한다.

상기한 이유 등을 열거하다 보니 우리 사회가 가지고 있는 문제들과 똑같은 것 같았고 덧붙여서 우리는 막대한 가계 부채까지 산적해 있어서 마음을 놓을 수가 없었다. 혹시 오랫동안 집권했던 사회노동당의 무상복지가 문제가 아닌가 하고 물어봤더니 45세 교포의 대답은 그런 질문을 부정하는 것 같았다. 예를 들어 300만 원 수입이 있으면 130만 원씩 세금을 뜯어간다는 것이다. 이 비율은 43%나 돼 독일의 48%에 결코 못지않아서 스페인 국민은 복지를 받은 만큼 세금을 물어 왔다는 것이다. 그는 사회 노동당 정권이 외국인에게 관대해 왔다고 말하면서 스페인에서는 이념이 중요하지 않다고 강조하였다.

사실 스페인 정치의 과거를 되돌아보면 그의 말이 맞는 것 같다. 우리의 기억에서 아직도 사라지지 않은 명화, '누구를 위하여 종은 울리나'는 스페인 내전에 관한 영화다. 1936년에 프랑코가 군부 쿠데타를 일으켜 인민전선이라고 알려진 좌 쪽의 공화국파와 겨뤄 1939년 승리, 30여 년간 프랑코의 독재체제 때문에 유럽에서 외톨이가 되었다가, 프랑코 사후 30년간 사회 노동당이 지배해온 나라가 스페인이다. 도중에 8년간 우파가 집권함으로써 다시 좌파로 정권이 돌아왔다가 최근에 재정위기가 닥치자 금년에 다시 우파가 승리했다니, 스페인은 언제나 좌우로 진폭이 크게 이동해 왔다. 좌우가 번갈아 집권하는 것을 정치적으로 보면 결코 부정적으로만 볼 수 없었다. 경제적으로도 1990년대에 고속성장으로 얼마 전까지만 해도 독일 등 주요 서부 유럽 국가들의 소득수준을 뛰어넘는다고 하지 않았나? 그런데 왜 이런 위기가 닥쳤을까?

　전에도 말했지만 1인당 국민소득이 삶의 질을 측정하는 지표로서 타당한지는 의문이 있지만 이번 경우에도 여러 가지 고려 사항 중 하나로 짚어볼 수는 있을 것 같다. 출처마다 자료가 다르고, 이미 위기에 처한 스페인과 포르투갈의 경우는 이 액수가 달라지겠지만 한 자료에 의하면 2011년 현재, 스페인 32,244달러, 포르투갈 22,413달러, 모로코, 3,105달러, 그리고 한국은 22,778달러이다. 위기 이전의 스페인은 분명히 우리보다 잘 먹고 잘살았는데 이렇게 된 것을 보면 좌우 모든 정파는 위의 네 가지 이유에서 자유롭지 못한 것 같다. 지중해를 낀 파란 하늘이며 보기 좋게 쭉 뻗은 거리의 야자수, 지금까지 보아온 모든 스페인 도시들의 깨끗한 거리, 싱가포르에서도 느꼈지만 서울의 성냥갑 같은 아파트에 비해 서로 같은 모양이라고는 하나도 없어 보이는 마드리드의 아름다운 건물들에 대한 부러움을 표시하자 65세의 교포는 그러한 것들이 뭐 그리 중요하느냐 하는 표정이었다.

　그의 사연을 들어본 즉 그 심정을 이해할 수도 있을 것 같았다. 10억짜리 주택이 5억에 내 놔도 안 팔리는 것이 요즘의 부동산 시세란다. 집이 팔리면 한국으로 돌아와서 살고 싶은데 작년 한해 경남 남해에 가서 살아봤는데 한국이 그렇게 살기 좋다고 입에 침이 마르도록 부러워하였다. 친구도 만나고, 낚시할 수도 있고, 멀리 여행할 수도 있는데 여기서는 집에서 텔레비전 보는 것밖에 할 일이 없다고 한다. 원래 65세에 나올 예정이던 연금이 3년 늦추어져 68세나 되어야 받는다고 한다. 연금을 위해 개인이 붓는 기여금이 조금만 늦어져도 압류가 들어오는 등 이런 것은 철저히 시행된다고 하는데 3년 뒤 받을 수 있는 연금이 월 약 120만 원이라고 한다. 자영업을 하면서 30년 동안 스페인에서 보낸 대가치고는 너무나 기대에 못 미치는 느낌이었다. 왜냐하면 미국 시카고에서 30년간 자영업을 해온 한 친구가 한 달 받는 연금이 월 300만 원은 된다는 것을 들은 적이 있기 때문이다. 물론 이와 같은 차이가 개인이 부었던 기여금의 차이에서 비롯될 수도 있다.

여하튼 위와 같은 이야기들이 스페인의 석양이 개인에게 드리우는 그림자라면 우리가 부러워할 만한 질 높은 삶의 측면도 많이 있을 것이다. 거리에서 노숙자나 부랑자를 볼 수 없는 것이 그 한 예이다. 이와 관련해서 한국의 IMF 사태가 일어난 지 6개월 후, 한 가출자를 서울역에서 인터뷰한 후 저녁 늦게 역 대합실에 들어섰을 때 내가 느꼈던 섬뜩함을 잊을 수가 없다. 빽빽하게 들어앉아서 며칠씩 씻지도, 감지도 않았을 것 같은 더부룩한 머리를 쳐들고 수십 명의 노숙자들이 텔레비전을 응시하고 있던 모습에 나는 흠칫 놀라지 않을 수 없었다. 그들이 나를 정면으로 응시한 것도 아니고 오직 그들의 뒷모습만 봤는데도 말이다. 홈리스들은 런던에서도 미국의 대도시에서도 많이 보아 왔다. 그런데 포르투갈과 그 많은 스페인의 도시에서는 한 명의 노숙자도 보지 못했다. 아직도 가 봐야 할 사라고사와 바르셀로나에서도 노숙자를 찾아볼 수 없었다.

인구 4,000만에 실업자가 500만이라고 교포 김 씨는 분명히 말했는데 눈을 비비고 찾아봐도 노숙자를 찾을 수 없는 이유는 무엇인가? 오랫동안 그 이유를 알 수 없었는데 스페인 사회는 실업, 노숙, 가출, 가족해체 등에 대응하기 위한 사회안전망이 기본적으로 잘 갖추어져 있기 때문이 아닌가 하고 추측해 봤다. 이것이 상당 부분 맞는 이야기라면 스페인의 앞길이 반드시 어둡지만은 않다고 생각했다. 그런데 이 같은 나의 인상은 잘못되었다는 것이 스페인 여행을 끝내고 한국에 돌아온 몇 달 후에 밝혀졌다. 뉴욕타임스가 스페인의 금융위기가 심화되면서 일부 노숙자가 쓰레기통을 뒤지고 있는 것을 보도하자 한 한국 신문이 그 기사를 인용한 것을 내가 뒤늦게 발견했기 때문이다. 그때는 이미 여행기를 끝낸 뒤지만 이 책을 위해서 바로잡을 수 있어 다행으로 생각했다. 패키지여행의 관광객으로 가서 좋은 곳만 구경하고 왔기 때문이라고 생각했다.

여하튼 한국은 어떤가? 금년 대통령 선거에 나서는 한 정치인은 복지는 시대정신이라고 목소리를 높였지만 나는 그런 주장에 동의하지 않는다. 현재 우리의 국가 발전 단계나 수준을 고려할 때 복지의 종류, 급여 수준, 수혜자의 측면에서, 양적으로나 질적으로 복지를 확대해야 한다는 주장에는 적극 찬성하지만 무상 복지나 보편적 복지에는 신중하게 접근해야 한다고 생각한다. 왜냐하면 다른 나라와는 달리 우리의 경우는 국방예산이 총예산 중 상당한 비율을 차지하고 있기 때문이다. 한편 국민들이 복지혜택에 상응하는 정도의 세금 납부에 동의할지도 아직 확실하지 않다. 또한 복지국가 위기론은 70년대 중반부터 학계에서 논의되어 왔는데 선거철이라고 해서 우리는 이 점을 간과해서는 안 된다. 특히 표를 쫓아다니는 정치인들과 이익 챙기기에 급급한 이익집단과 이념의 양 극단에 위치해 있는 사람들의 복지를 내세운 정치에 우리가 휘말려 들어가서는 안 된다.

우리가 적극적으로 대처해야 할 문제는 빈부 양극화의 개선, 부정부패와 비리 척결, 중앙 정부와 지자체들의 방만한 예산 집행과 낭비 방지에 신경을 써야 한다. 현재 한국 사회에서는 여·야 모두 경제민주화의 목표는 재벌의 지배 구조 혁파에 있는 것처럼 이야기하고 있는데, 경제 민주화는 누가, 무엇을, 언제, 어떻게, 왜 획득하는가에 대한 문제에 초점이 맞추어져야 한다고 생각한다. 예를 들면, 경제성장 위주의 국가 주도 정책 때문에 지난 수십 년간 재벌들은 때로는 초법적인 방법으로 특혜를 받아 왔는데, 이런 내용이 객관적으로 재검토되고, 동시에 국가 발전에 기여한 점과 경제 위기 시에 발휘되는 대기업의 효율성 등의 좋은 점과 중소기업에 일방적으로 자행되는 불공정 행위, 사방에 대형 마켓을 세워 골목 상권까지 지배하는 경제력의 남용, 대기업의 각종 부정적인 행태 등 그 폐해가 동시에 고려되어야만 재벌 개혁을 위한 명확한 대차대조표가 나오리라고 본다. 소통이란 별것 아니다. 지도자가 이런 문제들을 국민들이 이해할 수 있도록 아주 쉽게 풀이해서 국민들을 설득한 후 그에 대한 반응이 나오면 그것은 이미 쌍방 간에 소통이 이루어진 것이라고 볼 수 있다.

내용 검토와 분석 방법은 다르더라도 이런 방식으로 빈부의 양극화 문제, 복지, 부패 문제, 연금문제, 지자체에 대한 평가가 철저히 이루어져야 할 필요가 있다. 그래야만 포함과 배제, 혜택과 희생의 문제도 분명해져 한국 사회에 만연되어 있는 차별 현상의 개선에 도움이 될 것이다. 또한 돈, 권력, 학력에 관계없이 노력과 성실로 성공한 사람들이 사회 전면에 부각되어야 하는데, 돈 번 사람과, 출세한 사람, 또 일류 고교와 대학을 나온 사람들의 이야기가 마치 성공 이야기로 매스미디어의 각광을 받는 것은 올바른 사회 가치 정립에 걸림돌만 될 뿐이다. 따라서 사회 발전의 방향이 이와 같은 틀 속에서 만들어져야 하는데 이 작업을 부정부패가 체질화된 일부 여당과 고위 관료들, 그리고 온갖 수단을 동원해서 집권만을 위해 무상복지를 입에 달고 사는 야당이 해낼 수 있을지는 극히 의문이다. 더구나 현재 국민들의 입에 오르내리고 있는 대통령 후보들 중 개혁과 혁신에 대한 강력한 의지를 가지고 있는 지도자가 보이지 않아 더욱 아쉬울 뿐이다. 정말 앞으로 한국에는 포르투갈의 엔리케 왕자나 스페인의 이사벨 1세와 같은 지도자가 나올 수 없을까?

스페인을 관광하면서 이러한 상념들이 짬짬이 스쳐 지나가는 동안에 이번 여정도 막바지에 돌입하고 있었다. 주말 아침이기 때문인지 인구 500만 명이라는 대도시치고는 그렇게 붐비지 않아 돈키호테와 산초의 동상이 있는 마드리드 스페인 광장을 돌아보고 프라도 미술관을 구경하였다. 유명한 미술관이라 많은 사람들로 붐볐다. 훌륭한 작품들을 많이 관람했으나 그전에 군인들이 도열해 있는 행사 때문에 볼거리가 많다는 왕궁을 구경 못 한 것이 참으로 아쉬웠다. 높지 않으면서도 고풍의 다양한 건축물들이 즐비한 마드리드 거리는 깨끗하고 잘 정돈되어 있어서 인상적이었다. 그다음에는 고야의 고향인 사라고사로 이동해서 성당 한 곳을 구경한 후 필라르 광장에서 우리 일행은 자유 시간을 가졌으나 오후의 강렬한 태양을 피해 그늘에서 휴식 시간을 가졌다. 그리고 다음 날 드디어 최종 목적지인 바르셀로나에 도착하였다.

바르셀로나는 지중해를 끼고 스페인 북동부 거의 끝자락에 위치한 도시이다. 도시가 깨끗한 점은 다른 도시와 마찬가지이지만 풍성하고 번창하는 느낌을 주는 도시였다. 스페인에는 북부지역 중앙에 동서로 145km, 남북으로 72km나 되는 작은 면적에 3개의 작은 주로 구성된 바스크라는 자치주가 있다. 인구는 약 500만 명으로 스페인으로부터 독립을 원하는 지역이다. 자원이 많고, 언어가 다르고, 문화가 독특해서 스페인으로부터 독립만 하면 스위스처럼 잘살 수 있다고 생각해서 끊임없이 스페인으로부터 분리, 독립을 원하는 지역이다. 바스크 민족주의자들이 독립을 원하는 이유도 이해할 만하다. 바스크 자치주에 있는 빌바오는 1960년대 한때 스페인 강철 생산량의 반을 생산하였다. 인근의 산세바스치안과, 산탄더 두 곳도 잘사는 도시이다. 카탈루냐 자치주 역시 스페인으로부터 독립을 원하고 있다. 독자적인 언어와 전통문화를 가지고 있는 카탈루냐는 스페인 경제의 20%를 차지하고 있다. 스페인은 북부가 잘산다는 말은 바로 이런 이유 때문이다. 스페인 전체의 1인당 국민소득이 33,000달러이면 북부는 38,000달러 정도 된다니 그

바르셀로나에서 멀리 바다를 바라보고 있는 콜럼버스의 동상이 있는 광장

차이는 상당히 크다. 여하튼 스페인 도착 직후부터 느낀 것이지만 속이야 어떻든 사람들은 잘 먹고 잘살고 있는 느낌을 받았다. 참으로 의외이다.

바르셀로나의 관광은 올림픽 경기장과 몬주익 언덕 위의 한편에 서 있는 반월 모양의 넓은 돌 위에 황영조 선수가 뛰는 모습을 새겨 넣은 조각상을 보는 것으로 시작되었다. 그다음 예약시간에 맞춰 천재 건축가인 가우디 최후의 작품인 성가족성당을 보러 갔다. 성당 주위는 관광객으로 붐볐고 성당 안도 사람들로 북적였다. 철공소를 하는 아버지를 둔 가우디가 처음부터 혼자서 이 성당을 설계해서 지은 것은 아니고 두 건축가도 참여했다고 한다. 1882년 건축이 시작된 이 성당은 130년째 계속 짓고 있으며 10년 내지 20년 내에 완성되리라고 전문가들은 보고 있다고 한다. 웅장하고 독특한 이 성당이 주는 첫인상은 정말 강렬하였다. 지중해가 내려다보이는 언덕에 위치한 가우디의 또 다른 작품인 구엘 공원도 사람들로 인산인해를 이루었다.

바르셀로나에 오기까지 서로 헷갈릴 정도로 많은 성당을 보았고, 그 화려함과 다양한 모습에 놀랐는데 중세를 받치고 있던 두 축이 무슨 이유로 왕권과 천주교의 교권이었나를 성가족성당을 본 후 실감할 수 있었고 재확인할 수 있었다. 그리고 루터의 종교개혁의 배경을 이해할 수 있을 것 같다. 스페인은 명실상부한 천주교 국가로서 자살을 죄악으로 여기고 자살률도 낮

▼바르셀로나 몬주익 언덕에 있는 황영조 선수의 뛰는 모습을 새긴 돌 조각상
▼▼바르셀로나 구엘공원

아서 뒤르껭의 자살론을 생각하지 않을 수 없었다. 한국은 1997년 11월 금융 위기 이후 전 국민이 모두 금 모으기에 동참했지만 나라의 분위기도 우울하고 일가족이 자살하는 사건이 빈발했는데 그런 모습은 스페인에서는 어디에서도 찾아볼 수 없었다. 여행에서 돌아온 지 20일이 조금 지나 마드리드에서 대규모 시위가 벌어졌다는 뉴스가 들려왔다. '결국 올 것이 왔고, 심각한 사태가 터지는구나!' 하고 생각했다. 그러나 대규모 긴축 반대 시위였다. 계속해서 잘 먹고, 잘살아 보자는 시위였다. 스페인을 직접 보고 왔어도 이런 시위나 분위기가 스페인에 앞으로 빛이 될지, 그림자가 될지는 참으로 가늠하기 어려웠다.

2012. 7. 17

스페인과 바르셀로나에서 가장 인기가 높고 가장 많은 관광객을 끌고 있는 가우디의 성가족성당

04

홍콩
마카오

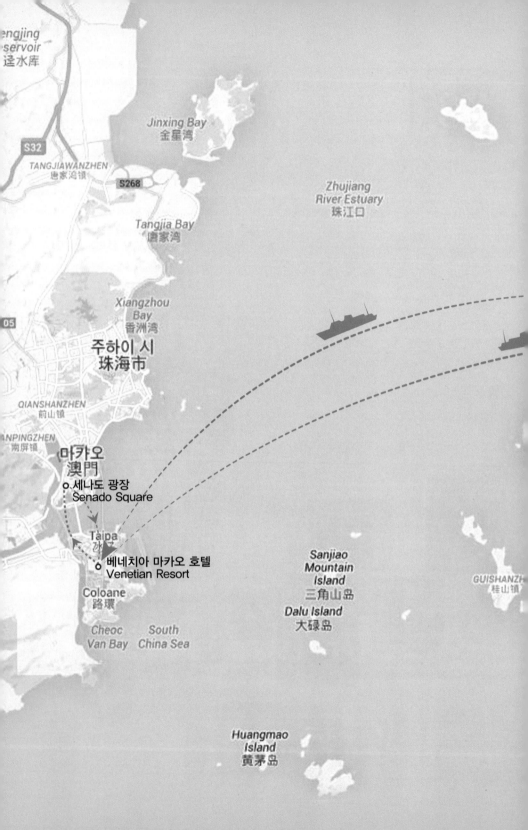

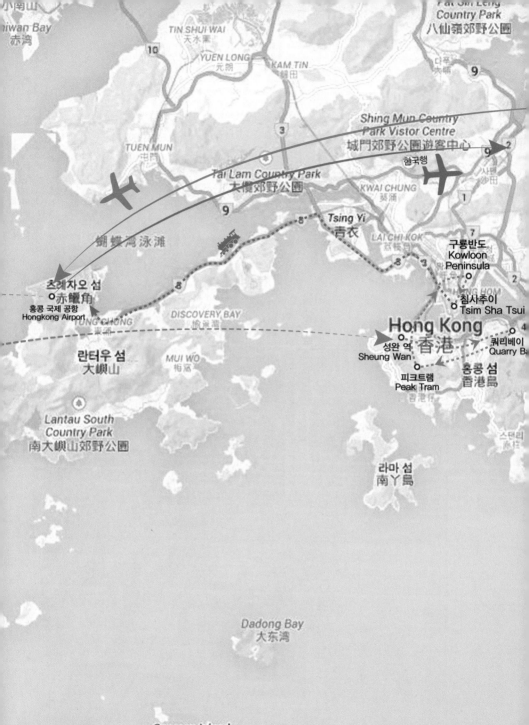

홍콩과 마카오의 재발견

홍콩 여행, 출발 10일 전에 갑자기 결정된 여행이어선지 8월 1일 아침, 많이 보고 오겠다는 생각보다는 가벼운 마음으로 인천 공항을 떠났다. 더구나 자유여행이라서 그런지도 모른다. 1991년 10월, 한국과 중국이 수교하기 직전 연길에 있는 연변대학에서 조선족을 주제로 한 학술 세미나가 있어서 홍콩을 경유 중국에 들어간 일이 있었다. 그러나 그때는 한국 사회학회 학술단을 뒷바라지하는 총무로 따라갔기 때문에 마음의 여유를 갖지 못했다. 특히 첫 기착지인 홍콩에 들어갈 때는 말할 것도 없고, 중국 본토를 구경한 후 나올 때도 거의 시간이 없어서 사진 몇 장 찍은 기억밖에 없어 이번 여행은 초행길이나 다름없었다.

출발 일까지 시간이 없어 비행기 표와 호텔 예약, 시내 관광을 위한 이층으로 된 빅 버스 표 등을 제공하는 여행사 관광 상품을 이용하였다. 가이드 없이 가족끼리의 자유여행이라도 기본적인 정보가 필요해서 인터넷 서핑은 물론 시청 근처, 을지로 입구의 프레지던트 호텔에 있는 마카오와 홍콩 관광 사무소에 들러 여러 가지 팸플릿을 얻어 보았다. 기본적인 정보를 얻는 과정에서 받은 느낌, 정말 많은 한국 사람들이 홍콩을 갔다 왔고, 아직도 계속 몇 번씩 가고 있구나 하는 인상을 받았다. 그만큼 거리나 경비가 우리에게는 만만한 것이 홍콩 여행이 아닌가 하는 생각이 들었다.

인천 공항으로부터 홍콩 국제공항까지는 네 시간이 채 안 걸렸다. 우리의 여정은 홍콩 공항 밖으로 나가지 않고 한 시간 동안 체류한 후 바로 공항과 연결되어 있는 선창가로 가서 페리를 타고 마카오로 들어가기로 되어 있었다. 홍콩 공항에서 마카오까지는 페리로 50분이 조금 넘어 한 시간이 채 안 되었다. 참으로 연계 시스템이 잘되어 있어서 드디어 마카오에 도착하였다. 마카오의 첫인상은 우람한 고층 건물들이 관광객을 압도해서 아름다운 느낌은 안 들었다. 우람함과 웅장함은 여러 가지 중국 건축 스타일의 한 가지이다. 만일 마카오 여행이 중심가의 이런 건물들을 보는 것만으로 끝났다면 많이 실망했을 것이다.

마카오 특별행정구의 인구는 2012년 1월 현재, 약 557,400명으로 인근의 메트로폴리탄의 인구까지 치면 약 73만의 도시이다. 중국의 남쪽, 광동성의 끝자락에 위치한 마카오는 우선 호텔들의 규모가 큰 데 놀랐다. 그리고 그 호텔들은 하나같이 대규모의 카지노 시설들을 갖추고 있었다. 베네치안 마카오라고 여행사가 지정해 줘서 묵은 호텔 역시 커다란 카지노를 가지고 있음은 말할 필요도 없다. 별 다섯 개짜리로 호화로운 데다가 더욱 놀라운 것

호텔버스 차창을 통해 본 마카오 중심가의 빌딩들

은 호텔 안에 세 개의 물길을 만들어 곤돌라를 띄우고 있으니 호텔 규모가 얼마나 큰가를 짐작할 수 있다. 곤돌라를 저으면서 노래를 부르는 사람들은 모두 이태리인들이었다. 마침 여행사에서 공짜로 준 표가 있어서 우리는 곤돌라를 탈 수 있었다.

호텔 방 역시 넓고 고급스러웠다. 밤에 13층에서 내려다보는 조망 역시 아름다웠다. 이런 방에서 이틀 밤을 묵게 되니 기분이

▲▲베네치안 마카오 호텔 속에 있는 곤돌라의 이태리인 뱃사공
▲마카오에 있는 호텔들의 야경

좋아서 다음 날 방값을 물어보지 않을 수 없었다. 하룻밤 숙박비는 한국 돈으로 약 40만 원꼴이었다. 그런데 1인당 여행상품 가격이 100만 원도 안 되는 것을 생각할 때 이런 상품이 때로는 유용성이 있음을 알게 되었다. 또 마카오의 호텔들이 이렇게 좋은 방을 제공하는 것은 그들의 관광객 유치 전략에 기인한 것인지도 모른다고 생각했다. 나중에 홍콩에서 전 세계에서 몰려오는 관광객들을 보면서 나는 마카오와 홍콩을 계속 비교하지 않을 수 없었다. 우선 거리를 돌아다니는 관광객 숫자에서 너무나 대조가 되었다. 특히 홍콩을 방문하는 유럽과 미국인들이 엄청나게 많은 데 놀라움을 금치 못했다.

우리는 끊임없이 비교하면서 살아가고 있다. 개인과 개인, 도시와 도시, 사회와 사회, 국가와 국가도 비교가 된다. 지금 사회적으로 문제가 되고 있는 빈부격차나 상대적 박탈감도 결국 비교에서 비롯된 것이다. 그러나 비교

마카오의 대부분의 호텔 속에 있는 카지노의 광경

에도 어떤 규칙이 있어서 비교하기가 어려운 대상이 있다. 홍콩과 마카오가
그랬다. 두 도시 모두 중국의 특별 행정구라는 점 이외에는 너무나 달랐다.
홍콩의 인구는 2012년 현재 약 7백 15만 명이니 마카오의 인구는 홍콩의 10
분의 1밖에 안 된다. 또 포르투갈과 중국은 1999년 12월 20일 마카오에 관한
행정권한을 중국에 반환하는 협정을 체결했으며, 홍콩의 경우는 1997년에
홍콩의 주권을 영국에서 중국으로 이전하는 것에 동의하는 조약에 양국이
서명하였다.

또한 마카오는 2049년까지 현재의 자본주의 사회·경제체제를 지속하는 것
이 보장되고, 홍콩 역시 50년 동안 법과 자치권을 유지하는 특별행정구역으
로 명시되어 있어 현재의 두 도시는 말하자면 일국양체제 one country two systems
로 상당 기간 동안 운영되고 있는 점은 비슷하다. 그런데 이번 여행에서 마
카오 도보 여행을 마치고 홍콩으로 와서 관광을 하면서 이 두 도시가 서로
다른 명성을 지니면서 계속 발전하고 있다는 느낌을 받았다.

홍콩은 명실상부하게 글로벌 시티로서 손색이 없었다. 세계적인 금융과
물류의 중심지로서 계속 번창하고 있다는 인상을 받았고 특히 엄청난 수의
미국과 유럽의 백인 관광객 숫자에 놀랐다. 서양인들은 왜 홍콩에 매료되고

있는 것일까? 영어가 통하고 세계인의 식성에 두루 맞는다고 하는 중국음식 때문일까? 나 스스로 곰곰이 생각해 보았다. 물론 최근 홍콩이 물류의 중심지로서 새롭게 부상하고 있는 상해에 밀리고 있다는 이야기가 있는 것도 함께 생각해보지 않을 수 없었다.

마카오 역시 도시 규모는 작아도 카지노 도박장과 화려한 호텔 등이 사람들을 끌고 있는데다가 유네스코가 지정한 30개의 세계문화유산은 마카오 관광에 묘미를 더해 주고 있다. 특히 마카오의 호텔들은 밤에 더욱 화려하고 일부 호텔들은 셔틀 버스로 연결되어 있어서 관광객들에게 각양각색의 볼거리를 제공하고 있었다. 이번 여행으로 나는 이 두 도시에 대한 막연한 선입견을 바꾸지 않을 수 없었다. 다시 말하면 글로벌 시티로서 홍콩의 위상을 재확인할 수 있었고, 카지노로만 유명한 도시에 그렇게 많은 세계문화유산이 있는 줄은 미처 몰라서 마카오를 재발견할 수 있었다.

세계문화유산이란 1972년부터 유네스코국제연합교육과학문화기구, United Nations Educational, Scientific and Cultural에서 인류가 보존해야 할 가치가 있다고 판단되는 것을 특별히 문화유산으로 지정하여 보호하는 것이다. 마카오에 있는 30개의 세계문화유산은 옹기종기 모여 있어서 우리처럼 자유여행을 하는 사람들에게는 비교적 수월하게 여겨졌다. 물론 이것을 다 볼 수는 없었어도 상당 부분 돌아볼 수 있어서 다행이었다. 골목골목 다니다 보면 철로 된 짙은 갈색 기둥을 볼 수 있는데 이 기둥이 서 있는 장소가 바로 세계문화유산이 있는 곳이다.

첫날 마카오에는 오후에 도착, 밤에 곤돌라를 타고, 저녁밥을 먹고 화려한 호텔들을 돌아 본 것이 전부여서 다음 날 아침은 서둘러 일찍 호텔을 나섰다. 하늘은 잔뜩 찌푸려 비가 올 것 같았고 아니나 다를까 버스를 타니 비가 내리퍼붓고 있었다. 아열대 지방의 스콜이라고 할까, 버스에서 내리니 하늘은 씻은 듯이 개였다. 그랜드 리스보아 호텔을 잠깐 구경하고 세나도 광장을 찾아갔다. 세나도 광장은 포르투갈풍의 물결무늬 바닥이 펼쳐져 있어 금방

세계문화유산의 하나로서 바닥이 물결 무늬로 되어있는 세나도 광장

눈에 띄었다. 이곳은 각종 행사나 축제가 열리는 데 이용되며 주위에 세계문화유산이 널려 있어 보통 마카오 관광의 시발점이 되고 있다.

세나도 광장 주변에는 마카오의 첫 주교가 자선사업을 위해 설립한 자비의 성채와 정부청사로 지어진 릴 세나도 빌딩이 있고, 마카오 최초의 성당인성 도미니크 성당과 중국 상인인 노 씨 가족이 거주하던 로우 카우 맨션도모두 도보로 5분밖에 걸리지 않은 곳에 위치해 있다. 이 건물들이 모두 다 세계문화유산이며 특히 로우 카우 맨션은 건물 외관이 좀 어둡기는 하지만 내부 장식은 동서양의 문화가 혼합된 모양을 보여주었다.

세나도 광장에서는 도보로 10분, 로우 카우 맨션에서는 5분밖에 안 걸리는 언덕에는 성 바울 성당의 유적이 있는데 이곳은 많은 관광객들로 붐비고있었다. 성 바울 성당은 1580년에 세워졌지만 1835년에 태풍으로 인한 화재로 건물의 정면만 남기고 모두 소실되었는데 이 유적이 이제는 마카오를 대

화재로 건물의 정면만 남은 성 바울 성당은 관광객이 많이 찾는 곳 중의 하나이다

표하는 상징적인 존재가 되었다. 그리고 이 유적으로 올라오는 골목길은 아몬드 쿠키와 육포 등 각가지 군것질용 음식과 잡화를 파는 상점들이 양쪽에 줄지어 빼곡하게 들어차 있다.

성 바울 성당의 오른편 위쪽에는 포르투갈인들이 만든 몬테 요새와 마카오인들의 의·식·주 생활양식을 보여주는 마카오 박물관이 있다. 몬테 요새는 성 바울 유적보다 더 높은 곳에 위치해 있어서 마카오의 전경을 한눈에 볼 수 있는 전망대 역할도 하고 있다. 성 바울 성당으로부터 멀지 않은 곳에 성 안토니오 성당이 있는데 마카오에서 오래된 성당 중 하나로 한국 최초의 사제인 김대건 안드레아 신부가 신학을 공부했던 곳으로 유명하다.

오후에는 점심을 먹은 후 성 아우구스틴 성당 등 두어 곳을 더 구경하였는데 마카오에 이렇게 성당이 많은 이유는 16세기 초부터 포르투갈 인들이 들어오면서 마카오를 가톨릭 포교의 거점으로 삼았기 때문이다. 15세기 말과

16세기 초는 포르투갈의 엔리케 왕자가 조국을 해양대국으로 발전시키면서 바다로 눈을 돌리기 시작한 시기와 일치한다. 오후에 본 세계문화유산 중 특히 인상에 남는 곳은 만다린 하우스로 불리는 중국 사상가인 정구안잉鄭觀應의 고택이다. 담벼락의 길이만 120m에 달할 정도로 규모가 매우 크며, 천장과 창문 틀, 그리고 벽의 섬세한 장식들이 아름답게 꾸며져 있었다. 이 대저택은 세나도 광장 부근에 있는 중국 상인인 노 씨의 로우 카우 맨션보다 훨씬 크고 아름다워 볼만하였다.

안내인 없이 이리저리 보러 다니자니 자유롭기는 해도 많은 곳을 못 보는 것은 어쩔 수 없었다. 그래도 어느 정도 보았다고 생각해서 우리의 호텔인 베네치안 마카오로 돌아오니 호텔들이 앞다투어 켜기 시작한 네온사인으로 주위가 휘황찬란하다. 대규모 카지노 도박장들과 화려한 호텔들, 그리고 30개의 세계문화유산을 가지고 있는 마카오. 유흥과 환락의 도시로만 지레짐작한 나의 예상과는 다르게 생각보다는 차분한 인상을 받았다는 느낌을 가지고 떠나게 되었다. 어떻게 이틀 밤만 지내보고 그러한 평가를 할 수 있을까? 물론 내가 모르는 더 험악한 모습과 더 퇴폐적인 면이 있을지도 모른다. 이것은 순전히 나의 주관적인 느낌일 뿐이다.

홍콩 여정은 마카오보다 더 짧기 때문에 사흘째 되던 날은 아침 일찍 서둘렀다. 페리를 타고 홍콩의 첫 번째 역인 샹완上環역에 돌아오니 마침 러시아워라서 전철역은 몹시 붐볐다. 우리는 우선 옥터퍼스 카드를 구입했다, 우리의 사통팔달四通八達이란 말을 연상시키는 팔달통八達通이란 글자가 전면에 쓰인 이 전자화폐 카드는 대부분의 교통수단과, 음식점, 숍 등에서 사용할 수 있다. 잔액이 모자라면 홍콩 화폐 50달러 단위로 충전해서 쓸 수 있고 여행이 끝나면 환불받을 수 있어 편하다. 이 카드를 이용해 샹완 역에서 여덟 번째 떨어져 있는 쿼리베이 역 바로 부근에 우리가 묵을 호텔, 하버 플라자의 로비에 짐을 맡겨 놓고 관광에 나섰다.

다시 전철을 타고 빅 버스 투어를 타기 위해 센트럴中環역으로 돌아왔다.

빅 버스 투어는 이층버스 투어로 이어폰으로 한국어로 된 투어 안내해설을 들을 수 있어 좋았다. 관광을 하다가 더 보고 싶은 건물이나 명소가 있으면 하차해서 구경한 후 다시 빅 버스 정거장에서 승차, 계속 관광을 하면 된다. 우리는 두 번 하차했는데 한 번은 피크 트램을 타고 산 정상을 올라가기 위해서고, 또 한 번은 미드레벨 에스컬레이터를 타보기 위해서다. 오랫동안 영국령이기도 했지만 글로벌 시티라 그런지 고유명사 등 명칭들은 모두 영어로 되어 있어서 외국 관광객들에게는 편하게 되어 있었다.

피크 트램이라고 하면 정상으로 가는 케이블카의 운반차라고나 할까. 매표소 밖에는 빅토리아 정상에 올라가서 홍콩섬과 구룡반도를 보기 위해서 관광객들로 인산인해를 이루고 있었다. 암표를 파는 사람도 있어서 가격을 물으니 홍콩달러로 70달러, 또는 80달러를 부르기도 했다. 그런데 한참 동안 줄을 서서 정작 매표소에서 65세 이상이라고 여권을 보여주었더니 18달러만 내라고 한다. 중국여행을 할 때는 일부 관광지에서 시니어들을 위한 우대가 있으니 꼭 물어볼 필요가 있다. 많은 관광객을 태우고 전차처럼 생긴 운반차가 정상을 향해 45도의 가파른 경사를 치고 올라갈 때는 약간의 스릴

피크 트램을 타고 산 정상에서 바라본 바로 앞의 홍콩 섬과 멀리 떨어져 있는 구룡반도의 모습

홍콩의 야경을 잘 볼 수 있는 침사추이의 시계탑 건물 주변

을 느끼기도 했다. 빅토리아 정상에서 본 홍콩의 하이 라이즈 빌딩들은 좁은 면적에 빼곡하게 들어찬 모습이 좀 답답하기는 하지만 볼만은 하였다. 더구나 비온 뒤 시야가 흐려서 그런지 시원한 맛은 느끼지 못했다. 여기서 보는 야경은 장관이라는데 피곤한 몸을 이끌고 다시 올 엄두는 못 냈고 이곳에서 점심만 먹고 내려왔다. 홍콩은 정말 사람들이 많아 복잡했다. 캐나다나 미국의 소도시 또는 뉴질랜드의 남섬 쪽에서 온 사람이면 이렇게 복잡한 데서 어떻게 살 수 있을까 하고 회의도 들 것이다. 우리의 서울과 수도권의 과밀은 홍콩에 비하면 훨씬 양호한 편이다. 기후 또한 후덥지근해서 여름은 홍콩을 여행하기에 적합한 계절은 아닌 듯싶다.

또 한 번 빅 버스에서 내린 때는 미드 레벨 에스컬레이터를 보기 위해서였다. 장장 800m로 이어지는 세계에서 제일 긴 이 에스컬레이터를 보기 위해 많은 관광객이 찾는다고 하는데 조금 타고 올라가다 되돌아 내려왔다. 한정 없이 올라가다가는 수많은 계단을 걸어 내려오는 수밖에 없기 때문이다. 이 에스컬레이터는 오후에는 올라가는 방향으로만 작동하고, 오전에는 내려오는 방향으로만 작동해서 출근하는 사람들은 각지로 흩어진다고 한다.

빅 버스 관광을 끝내고 센트럴 역과 맞닿아 있는 홍콩 역에서 스타페리를 탄 까닭은 구룡반도에서 홍콩 섬을 보고 싶었기 때문이다. 스타페리는 홍콩 섬과 구룡반도의 침사추이를 연결해 주는 수상 교통수단이다. 구룡반도의 선착장에 내려 역을 빠져나오니 바로 국제금융센터 상점가라고 말할 수 있는 IFC 몰이 나타났다. 2층은 실용 잡화와 의류 등을 팔고 있었고 3층과 4층은 명품과 고가 제품 매장이 있었는데 이름난 곳이라서 그런지 많은 사람들로 북적였다. IFC 몰에서 우리가 가려고 하는 해변 산책로까지는 그리 멀지 않았다.

침사추이의 스타페리 선착장 부근에는 시계탑이 있는데 이곳에서부터 해변 산책로가 상당히 길게 펼쳐져 있다. 바로 여기서 밤 8시에 맞은편 홍콩 섬의 마천루에서 뿜어져 나오는 심포니 오브 라이트 symphony of lights 쇼를 볼 수 있다고 해서 밤이 오기만을 기다렸다. 아직 시간이 많이 남았는데도 사람들은 계속 몰려오고 있었다. 어둠이 서서히 깔리기 시작하자 제일 눈에 띈 네온사인은 별로 높지 않은 빌딩에 영문으로 나타난 '삼성'과 좀 더 높은 빌딩에 붙어 있는 '현대'라는 글자였다. 20여 년 전만 해도 상상할 수 없는 일이었다.

드디어 8시가 되어 어둠이 완전히 내려앉자 홍콩 섬의 한두 개 건물이 레이저 광선을 쏘기 시작했는데 희미하기 짝이 없어 휘황찬란한 광경을 기대

어둠이 스며들기 시작한 홍콩 섬에 삼성과 현대의 네온사인 간판이 뚜렷이 보인다

한 나는 실망을 금치 못했다. 이곳 사람들은 이 쇼를 라이트 쇼라고 줄여 불렀는데 관중들도 실망해서인지 많이들 돌아가고 있었다. 한 도시가 관광객에게 보여줄 수 있는 볼거리나 이벤트는 성공적일 수도 있고 그렇지 않을 수도 있다. 이런 쇼는 홍콩에서도 할 수 있고 마카오에서도 할 수 있다. 나는 이번 여행에서 비교 상대가 되지 않는데도 불구하고 홍콩과 마카오를 번갈아 생각하지 않을 수 없었다.

　나는 홍콩과 마카오 간에 어떤 갈등이 있는지 모른다. 그런데 이 두 도시를 관광하면서 진주시와 서울이 생각났다. 최근 등 축제를 둘러싸고 진주시와 서울시가 갈등관계에 있는 것을 막 보고 서울을 떠났기 때문이다. 나는 수년 전 어느 날 밤 청계천에서 오색찬란한 등 축제를 가족과 함께 구경한 적이 있었고 최소한 실망하지는 않은 기억이 있다. 아름다운 각양각색의 등들이 청계천의 시냇물과 어우러지면서 그런대로 운치 있는 광경을 보여주었기 때문이리라. 특히 불교와 유교 문화권이 아닌 나라에서 온 관광객들에게는 흥미롭고 볼만한 구경거리였을지도 모른다. 왜냐하면 지금도 이 행사가 치러지고 있으니까 말이다. 그런데 문제는 이 등 축제를 서울시에 앞서서 진주시가 제일 먼저 벌인 행사이기 때문에 진주시장이 상경, 1인 시위를 통해 서울시가 등 행사를 중지해 줄 것을 요구하고 있었다. 나는 이런 갈등에 관한 신문 기사를 읽고 안타까운 생각이 들었다. 만일 서울과 수도권의 가까운 한 도시 사이에 이런 일이 벌어졌다면 어느 정도 이해할 수 있다. 그런데 서울의 청계천에서 등 행사만 없으면 예로부터 '진주라 천 리 길'이라고 했을 정도로 그렇게 멀리 떨어져 있는 도시가 많은 국내·외 관광객을 유치할 수 있다는 말인가? 그런 근거나 증거도 없이 무조건 중지를 요구하는 문제를 이해할 수 없었다. 안 하겠다고 약속한 후 계속하는 서울시도 그렇고, 나아가서는 이런 문제를 해결해 주지 못하는 우리 시스템의 한계 역시 아쉽게만 여겨졌다. 그런데 내가 돌아온 후 몇 달 뒤 이 문제가 해결되어 서울시도 등 축제를 계속 열 수 있다고 해서 다행이라고 생각했다.

어디 이것뿐이겠는가? 우리 사회에는 서울과 지방, 수도권과 비수도권, 지방과 지방 사이에 수많은 갈등과 이해관계의 충돌이 도사리고 있다. 혹자는 '지방'이라는 단어 자체에도 이의를 제기한다. 정말 이해할 수 없는 일이다. 서울 토박이는 아주 얼마 안 되고 우리 모두는 지방에서 나서, 자랐는데 말이다. 지방이라는 단어를 받아들이지 못하면 서울이나 한양도 있을 수 없다. 나아가서는 유교문화를 탓하지 않을 수 없다. 서울이 이렇게 비대하고 다른 도시에 비해 여러 가지 면에서 우월하게 된 데에는 권력이 중앙으로 집중되는 유교문화의 중앙집권주의 특성이 무엇보다도 큰 영향을 미쳤기 때문이다. 이처럼 한국 사회에서 다른 도시에 비해 서울이 갖는 위상이 압도적이고 지배적인 사실은 부정할 수 없다.

아니, 심한 정도가 아니라 서울과 서울 아닌 곳에 대한 심리적인 차이는 우리가 상상하는 것보다 훨씬 크다. 한 15년 전쯤인가. 문화를 다루는 한 학술지에서 다음과 같은 글을 읽고 심한 충격을 받은 일이 있다. 부산의 유수한 한 사립대학의 교수가 자기의 솔직한 심정을 고백한 글인데 대강 다음과 같은 내용이다.

오른편의 제2국제 금융 센터. 왼편의 두개의 안테나처럼 보이는 건물은 중국은행 빌딩이다

유람선이 오가는 홍콩 야경의 또 다른 모습

"오늘도 나는 강의를 끝내고 나오면서 한숨을 쉬며 서울 쪽을 바라보았다. 언제쯤 저곳에 갈 수 있을까. 아니 서울은 아니더라도 수도권의 한 대학으로 옮길 수 있으면

얼마나 좋을까." 하면서 한국 사회에서 서울과 지방간의 정치, 경제, 사회, 문화, 심리적 차이가 가져오는 사회적 차별과 편견을 통렬히 비판한 것이 내가 지금 기억하고 있는 글의 내용이다.

부산이 도대체 어떠한 곳인가? 한국 제2의 도시 아닌가? 위와 같은 사례가 보여주는 도시 간의 심리적 갈등과 거리감은 내가 좀 살아 본 미국과 영국에서는 좀처럼 들어보지 못했다. 제3세계에서는 대부분 수도가 그 나라의 제1의 도시가 되는 경우가 많지만 우리처럼 수도와 그 외 지방 간의 심리적인 우월감과 위축감을 기록한 것을 본 일이 없다. 세계 여러 나라의 국민 중 한국인들이 평등의 가치를 존중하는 비율이 제일 높은 축에 든다는 사실은 잘 알려져 있다. 역사적으로 조선시대 말기에 신분사회가 무너지고 일제의 식민지로 전락했다가 해방이 되면서 농지개혁으로 지주세력이 약화되고, 뒤이어 6.25 전쟁이 모든 것을 앗아가 한국인들은 모두 평등해졌다고 생각하는 경향이 있다.

그런데 산업화가 심화되면서 잘사는 사람들이 나타나게 되고 '있는 자'와 '없는 자'가 구분되면서 상대적 박탈감이 커지고, 더구나 '있는 자'들이 비리와 부정으로 부와 권력을 거머쥐게 되자 그 어떤 사회보다도 갈등이 심하고 저항이 격렬했던 것이다. 따라서 사회분열이 심화되면서 사회통합의 위기가 오고 사회 재통합의 과제가 대두된 것이다. 그러므로 한국 사회는 그 어느 때보다도 빈부격차를 줄이면서 경쟁의 과정을 합리적으로 공정하게 운영할 필요가 있다. 내가 보기에 홍콩은 오랫동안 영국령으로 있으면서 이런 과정을 거쳐 오늘과 같은 시민사회에 이른 것이 아닌가 하는 생각이 들었다. 홍콩을 다시 한 번 와봐야겠다는 생각이 들었다.

홍콩을 많이 구경하지 못한 것이 정말 아쉬웠다. 다음 날 정오까지는 체크아웃을 하고 공항에 가야 하기 때문에 홍콩에서의 이튿날 관광은 안 하기로 했다. 느긋하게 일어나 호텔에서 아침을 들고 있었다. 마침 옆 테이블에 있던 중년의 인도인 두 명과 이야기할 기회가 있었다. 중국 본토를 여행할 때는 인도인들을 보기 어려웠는데 거리가 가까워서인지 홍콩과 마카오에서는 심심찮게 인도인들을 만날 수 있었다. 인도와 중국 모두 BRICs[3] 중의 하나라서 중국의 발전에 대해 어떻게 생각하느냐고 물었다.

두 명의 인도인 중 한 명은 인도와 중국을 비교하면서 다음과 같이 대답하였다. 첫째, 두 나라가 모두 발전하고 있는 것은 사실이지만 산업구조가 다르다고 하였다. 중국은 제조업 중심의 발전이고, 인도는 서비스 산업 위주로 발전하고 있다고 하였다. 둘째, 인도는 중국에 비해 파티션partition이 심해 앞으로의 발전을 낙관하기 힘들다고 하였다. 아침을 먹다 말고 진지하게 대답해줘서 방해가 될까 봐 partition분할, 칸막이에 대해 꼬치꼬치 캐묻지 않고 분열disruption, disintegration이나 분리segregation로 받아들였다.

인도는 지방마다 방언이 넘쳐나 3백 수십 개에 이른다. 이것보다 더 심각한 것은 우리 모두가 알다시피 지금은 많이 옅어졌지만 사람들 사이에 존재하는 칸막이와 차별이다. 위로는 브라만Brahman의 승려 계급부터 아래로는 불가촉천민不可觸賤民에 이르기까지 사람들 간의 차별이 심하다. 아주 오래전에, 대처 수상이 나오기 전인 70년대 말에 뉴욕타임스 紙가 영국의 경제발전이 지지부진한 이유의 하나로 귀족과 평민 등 신분사회의 특성을 지적한 것을 읽은 적이 있다. 차별은 보통 변화를 바라지 않고, 현상 유지를 위해서나 또는 기득권을 잃지 않기 위해 행해진다. 인종별, 학력별, 지역별, 세대별, 소득별, 성별 차별 등 온갖 차별이 경제발전의 걸림돌이 될 수 있음을 우리는 명심할 필요가 있다.

그 인도인의 대답은 계속 이어졌다. 그가 지적한 세 번째 차이는 정치체제의 차이가 경제발전에 미치는 영향이다. 그는 중국이 사회주의 체제의 정치제도를 가지고 있음을 강조하였다. 또 그는 인도가 민주주의 체제임을 강조

---

3 BRICs 브릭스 : 2000년대를 전후해 빠른 경제성장을 거듭하고 있는 브라질 · 러시아 · 인도 · 중국 · 남아프리카공화국의 신흥경제 5국을 일컫는 경제용어

하였다. 대체로 사회주의 체제는 경제발전을 국가가 추진하는데 초기에는 효율적이었다. 스탈린 치하의 구소련이 그랬고, 북한도 70년대 초까지는 나름대로 경제성장에서 남한을 앞섰다는 것은 널리 알려진 사실이다. 그의 의견은 지금 중국의 사회주의 정치체제는 국가가 경제발전을 추진하는 데 인도보다 조금 더 효율적임을 강조하는 것 같았다.

인도도 네루나 인디라 간디 체제에서는 사회주의 색채가 강했지만 민주주의 정치제도를 가지고 있으면서 오랫동안 저성장을 경험한 대표적인 나라이다. 지금은 민주주의 국가로서 지속적인 경제발전을 하면서 세계의 주목을 받는 나라 중의 하나가 되었다. 여하튼 나는 아침 식당에서 만난 인도인의 위와 같은 의견에 전적으로 동감을 표시하였다. 중국과 인도에 대해서는 나도 그가 지적한 점이나 논의의 방향과 대충 비슷하게 생각하고는 있었지만 명쾌한 그의 비교, 분석에는 속으로 놀라움과 함께 감탄을 금치 못했다. 그 사람의 직업이 무엇인지 몹시 궁금했지만 그의 아침 식사가 많이 늦어져 물어보지도 못하고 먼저 자리에서 일어났다.

앞에서도 지적했지만 홍콩에서는 많은 곳을 구경하지 못했다. 관광객이면 누구나 가 보는 오션 파크나 홍콩 디즈니랜드, 리펄스 베이 등을 하나도 구경하지 못했다. 조금 더 알고 싶은 문제들도 있다. 예컨대 홍콩과 마카오가 영국과 포르투갈로부터 막 바로 중국에 이양되기보다는 앞으로 상당 기간 두 도시에서 현재 운영되는 일국양체제one country two systems에 대한 더 많은 정보를 얻고 싶었고, 홍콩인들은 본토의 중국인들을 무시하고 차별한다는데 그 실상이 어떤지 알고 싶었다. 다음 기회를 기다리는 도리밖에 없다. 특히 1990년대 말부터 일국양체제가 시행된 이후 홍콩에는 어떠한 변화가 일어나고 있는지에 관해 알고 싶었다. 왜냐하면 한국에도 남·북한의 통일과정에서 일국양체제의 가능성을 제기하는 의견도 있기 때문이다.

번창하고 있는 홍콩의 그림자라고나 할까? 민주화나 인권 등 중국 본토와 충돌하는 일이 많다. 뿐만 아니라 세월이 좀 더 빨리 가면 중국의 영향력은 더욱 거세질 것이다. 이런 장래에 대해 홍콩의 젊은이들은 어떻게 생각하고 있을까 등 궁금한 문제가 많았지만 홍콩을 떠나야만 했다.

또한 다음에는 여름보다는 봄이나 가을에 가리라고 마음을 먹었다. 그만큼 홍콩과 마카오는 습하고 더웠다. 그런데 8월 4일, 일요일 저녁, 인천 공항에 도착해 보니 서울의 날씨가 홍콩보다 더 습하고 더웠다. 그날부터 10여 일 동안 계속 더웠다. 한국의 여름이 아열대로 변하고 있다는 사실을 그대로 실감할 수 있었다. 그러나 9월의 가을 하늘은 예전과 같아 다행이다 싶었다. 이제는 우리나라의 날씨가 좋다는 이야기는 할 수 없을 것 같고, 기후변화가 사회현상에 미치는 영향을 심각하게 연구할 때가 되었다고 생각했다.

2013. 9. 9

05

러시아
핀란드

러시아

페트로자
보츠크
Петрозаводск

체레포베츠
Череповец

볼로그다
Вологда

리빈스크
Рыбинск

야로슬라블
Ярославль

코스트로마
Кострома

이바노보
Иваново

트베리
Тверь

세르기예프
포사트
Сергиев
Посад

블라디미르
Владимир

코브로프
Ковров

클린
Клин

모스크바
Москв

오브닌스크
Обнинск

포돌스크
Подольск

콜롬나
Коломна

칼루가
Калуга

세르푸코프
Серпухов

라잔
Рязань

툴라

다윗과 골리앗을 연상시키는
러시아와 핀란드의 관계

　러시아로 출발하던 날의 날씨는 비교적 맑았다. 6월 15일, 일요일 오후 1시 10분, 러시아 항공기가 인천공항 활주로를 부드럽게 미끄러져 나간 후 약 9시간 10분이 걸려 오후 5시 15분쯤 모스크바의 페테르부르크 공항에 도착했다. 러시아가 한국보다 5시간 늦기 때문이었다. 러시아는 내가 지구상에서 북한 다음으로 가장 가기 싫은 나라였다. 더 정확하게 말해서 러시아의 옛 이름인 소련USSR, Union of Soviet Socialist Republics을 싫어했던 이유는 순전히 6.25 전쟁에 관한 어릴 때의 기억 때문이었다. 그 기억은 1950년 6월 25일, 북한 인민군이 물밀듯이 서울로 밀고 들어와 전쟁이 난 지 3일 만인 6월 28일부터 서울 곳곳에 스탈린과 김일성의 대형 초상화가 나붙기 시작한 이후로 거슬러 올라간다.

　짙은 눈썹과 올백으로 넘긴 숱이 많은 검은 머리며 무엇보다도 팔자八字 모양의 코밑수염을 가진 스탈린의 초상화는 나의 어린 머리에 뚜렷하게 각인되어 강렬한 인상을 주었다. 이 대형 초상화들이 보여준 하나의 특징은 스탈린의 얼굴이 중심에 있고 그 옆 오른쪽으로 얼굴에 살이 많이 찐 김일성의 초상화가 붙어 있어 6.25 전쟁의 주인공은 마치 스탈린처럼 보였다는 점이다. 돌이켜 보면 공개된 구소련의 비밀문서에서 밝혀졌듯이 김일성이 스탈린에게 남침계획을 지원해줄 것을 여러 번 애걸했기 때문에 초상화의 이런 배치는 당연한 모양새였는지도 모른다. 나의 머리에 남아 있는 또 다른 기억은 스탈린은 소위 인민복이라는 복장을 하고 있었고 김일성은 신사복에 넥타이를 매고 있었다는 점이다. 이때 김일성마저 인민복을 입고 있었으면 이는 바로 북한이 오래전부터 사회주의 국가건설을 계획하고 있었다는 인상을 줄 수 있는 것이기에 아마도 나의 기억이 맞을지도 모른다.

그 이후 3년여 동안 한반도는 이 두 사람 때문에 피비린내 나는 전쟁터로 변했고 남·북 분단의 비극은 지금까지도 이어져오고 있다. 더구나 전쟁 초기에 가장을 잃은 나의 가족의 경우는 오랜 세월이 지난 지금도 6.25 전쟁을 잊을 수가 없다. 이런 나라를 나는 가벼운 마음으로 방문하기가 힘들었고 러시아만 가는 여행이라면 아마 생전에 가지 않았을 것이다. 북유럽을 한 번도 못 가 봤고, 복지국가에 사는 사람들의 일상생활은 어떤 모습일까 무척 궁금했는데 그 나라들을 보려면 러시아에서부터 출발하는 여정이 보통이어서 그렇게 여행을 떠나기로 했다. 솔직히 말해 나는 러시아에 대해 부정적인 편견을 가지고 있었고 특정국가에 대한 이런 편견은 나의 개인적인 체험과 인상을 토대로 형성되었음을 인정하지 않을 수 없다. 객관적 관찰을 어렵게 하는 편견은 사회과학도에게 금기시되고 있다. 왜냐하면 편견 때문에 사실이 왜곡될 수 있기 때문이다.

여하튼 러시아에 대한 나의 편견이 어떻게 형성되었건 전쟁이 난 지 64년 후, 거의 두 세대가 지나 전쟁 피해 당사국의 일원으로 러시아 땅을 당당히 밟을 수 있었다. 가해국인 북한은 지금 지리멸렬 상태에 있고, 러시아는 이제 겨우 사회주의 체제를 벗어나 자본주의를 배워가는 과정에 있다. 당연히 여러 가지 의문이 일어나지 않을 수 없었다. 우선 러시아에 사회주의 잔재는 얼마나 남아 있을까 하는 의문이 들었다. 이런 의문을 조금 더 변형시켜 보면 고르바초프의 '개혁과 개방' 정책 이후 자본주의 시스템이 얼마나 자리를 잡았을까 하는 질문이 될 수도 있다.

러시아에 대한 또 다른 편견일지 모르겠지만 나는 러시아가 아직까지는

'관료적 문화 유형'이 지배하는 사회가 아닐까 하는 의구심을 가지고 있었던 것도 사실이다. '관료적 문화 유형'이라는 용어는 한 서구 사회학자의 글에서 시사받은 것이지만 나 자신이 2000년 전에 이 개념과 이론을 가지고 한국 사회의 정치조직과 경제조직을 분석하고 설명하려고 시도한 적이 있다. '관료적 문화 유형'은 '비합리적인 의식, 믿음, 관행을 통해 정치와 경제 행위를 함으로써 기득권을 유지하고 조직을 통제함으로써 지배적인 헤게모니를 영속화하려는 문화 유형'이라고 할 수 있다. 국·내외 학자들이 한국은 단기간에 경제적으로 산업화하고, 정치적으로 민주화했다고 하지만 이 두 개념만 가지고는 한국사회의 정치조직과 경제조직과 함께 그에 따라 일어나는 의식과 행태를 이해할 수 없는 점이 너무나 많았기 때문이다.

나는 '관료적 문화 유형'이란 렌즈를 통해 한국 사회에서의 정당 조직의 비민주성, 비합법적인 방법과 수단을 이용해서 얻은 부의 축적 현상, 사회조직의 중앙 집권화, 관료 조직의 지배적 특성과 지역 정치와 파벌 정치 등을 설명했다. 또한 물량주의, 족벌주의, 특혜주의 등에 대해서도 설명했다. '관료적 문화 유형'은 사회에 따라 조금씩 편차가 있기는 하지만 그 현상이 심화될 경우에는 내·외의 환경 변화에 제대로 대응하지 못하고 큰 위기에 직면할 수 있다. 그 대표적인 예로 구소련과 동구권을 들었다. 지금 한국 사회에서 잠시 논의가 되었던 이른바 '관 피아' 역시 '관료적 문화 유형'의 산물이라고 할 수 있다. 그런데 모스크바와 상트페테르부르크의 두 도시를 사흘에 걸쳐 보는 것만으로는 위에서 제기한 현상과 문제에 대한 답은 도저히 구할 수 없을 것이다. 차라리 차르 시대의 절대 권력과 부패와 사치는 어떠했는가? 또 현재 고르바초프에 대한 인기는 어떠한가와 같은 의문에 대한 답을 구하는 것으로 만족할 수밖에 없을지도 모른다.

2010년 현재 러시아의 인구는 약 1억 4,290만 명으로 이 중 약 1,042만 명이 모스크바에 살고 있다. 교통체증이 심하기는 했지만 그보다는 모스크바에서의 첫 밤은 생소한 경험으로 기억에 남았다. 밤 10시가 지났는데도 밖이 훤해서 초저녁 같았다. 이것이 길어지면 백야(白夜)라는 생각이 들었다. 또 한국에서 떠날 때 러시아와 북유럽에서 월드컵 경기를 실컷 볼 것이라는 나의 예상은 완전히 빗나갔다. 한 방송국에서 월드컵의 한 경기를 보여주고 다른 방송국에서는 전문가 서너 명이 나와 논평을 한 후 그것마저 다른 프로그램으로 바뀌는 등 월드컵 열기는 도무지 찾아볼 수 없었다. 한국과 러시아 경기 이틀 전인데도 말이다. 이런 현상은 북유럽의 여러 나라에서 여행 내내 비슷하게 경험할 수 있었다. 스페인, 영국, 포르투갈 같은 축구강국들의 16강 탈락은 큰 뉴스가 되지 못했다.

결국 나는 한국에서 월드컵의 열기에 중독된 후 여행을 떠난 셈이다. 우리는 보통 자신만의 경험을 바탕으로 또는 텔레비전을 시청한 기억만으로 사회 현상을, 심지어는 세계의 움직임까지 평가하려는 경향이 있다. 외국 사람들의 눈에 한국이 데모가 그치지 않는 나라이고 전쟁이 곧 일어날 것만 같은 나라로 비쳐지는 까닭은 바로 그런 이유 때문이다. 마찬가지로 빈번한 총기 사고로 미국에서 총 맞아 죽을 확률이 높은 것은 사실이나 그 많은 교포가 평화스럽게 또 안전하게 살고 있는 사실도 인정할 필요가 있다. 모스크바 시내 관광에 나선 이틀날은 흐리고 바람이 약간 불었으나 붉은 광장을 거닐어 본다는 생각에 마음이 설렜다. 구소련 시절 각종 기념일 식전이 열렸던 광장에는 성 바실리 성당과 국영백화점, 레닌 묘와 국립역사박물관이 사각형 각 변의 중심부에 자리 잡고 있었다.

내가 관심을 가지고 있는 러시아의 역사는 세 부분이다. 러시아가 초기 자본주의에 막 물들어 가고 있었던 차르 시대, 1918년 러시아 혁명서부터 1990년까지 약 70년 동안의 사회주의 체제 시대. 그리고 고르바초프의 '개혁과 개방' 정책 이후의 시기이다. 이 중 나는 주로 스탈린이 구축한 사회주의 체제와 특히 현재의 러시아에 관심이 많다. 입국 심사는 예상했던 대로 철저했

왼쪽의 성 바실리 성당과 오른쪽은 크렘린 궁을
둘러싸고 있는 스파쓰카야 탑이 보이는 붉은 광장

2차 대전의 전쟁 영웅인 주코프의 동상이 보이는
붉은 광장의 북쪽에 있는 국립역사박물관

다. 아마 체첸의 독립을 주장하는 반군들의 테러위협도 작용했으리라. 그러나 외국 관광객이 많은 탓인지 붉은 광장 옆의 백화점이나 일반 상점의 모습은 여느 자본주의 국가에서 볼 수 있는 광경과 별로 다르지 않았다.

오히려 러시아에 대해 긍정적이지 않은 평가는 의외로 현지 가이드의 입을 통해서 하나둘씩 주워 모을 수 있었다. 모스크바에서 소란한 지역은 대개 이민자들이 택시 영업을 하는 곳이고, 큰 마피아는 경찰, 작은 마피아는 조폭들이 활개를 쳤으나 2011년 이후에는 많이 깨끗해졌다고 한다. 또 버스나 심지어는 응급차까지 동원한 택시 영업이 판을 쳤으나 많이 없어졌다고 했다. 또한 러시아의 삼대 불량품에 자동차, 날씨를 꼽은 데 이어 미인이 많은 러시아 여자들에 비해 용모가 많이 떨어지는 남자를 끼워 넣는다는 것은 확실히 다른 나라를 여행할 때는 들어보지 못한 소리였다. 더 나아가서 모스크바 사람들은 잘 웃지 않는다고 할 때에는 논란의 소지마저 있어 보였다. 왜 사람들이 잘 웃지 않을까?

붉은 광장을 나와 크렘린 궁으로 향하는 도중에 무명용사의 묘를 지나게 되었다. 이제까지 얼마나 많은 러시아 병사들이 조국을 위해 목숨을 바쳤는

붉은 광장 한쪽에 크렘린 궁을 둘러싸고 있는 붉은 성벽을 배경으로 안치되어 있는 레닌 묘

가? 정말 그동안 러시아는 초강대국이라는 말에 걸맞지 않게 오욕의 역사를 가지고 있다. 스탈린은 1931년 2월 전국 사회주의 산업체 관리자 회의에서 다음과 같이 주장했다. "옛 러시아의 역사는 그 후진성 때문

두명의 병사가 지키고 있는 모스크바 무명용사의 묘

에 패배의 역사라고 할 수 있다. 러시아는 몽고의 황제에게 패했고, 폴란드계 리수아니안 지주들에게 당했으며 영국과 프랑스의 자본주의자들에게 패했다. 또 일본의 귀족들에게도 패했는데 러시아의 후진성, 군사적 후진성, 문화적 후진성, 정부의 후진성, 산업의 후진성, 농업의 후진성 때문에 그 모두는 러시아를 이겼다. 그들은 너는 가난하고 어쩔 수 없는 놈이니 빼앗기는 것이 당연하고, 낙후된 자와 약자를 두들기는 것이 그들의 법칙이고 자본주의 정글의 법칙이다."라고 스탈린은 외쳤다.

위에서 본 바와 같이 스탈린은 이런 신념 때문인지 군사력과 공업력을 키우는 데 전심전력을 다했고 그렇게 산업화를 이루는 데 성공했다. 그러나 인민들의 생활수준은 당시 후진적인 남미 수준을 넘지 못했다. 그리고 자기의 정책에 대한 반대자들이나 정적은 무자비하게 숙청을 해서 전체주의를 구축했다. 서구의 정치가들이 지지자들을 규합하는 노력을 한다면 스탈린 치하의 정치는 숙청을 감행해 정적을 처단하는 데 있었다. 스탈린은 1920년대부터 자기의 최대 정적으로 멕시코로 망명해 가 있던 트로츠키를 자객을 보내 도끼로 살해하고 친밀한 동지였던 부하린마저 숙청했다. 한나 아렌트는 사회주의 정치체제의 특징을 이념과 테러로 규정했다. 이념이 다르다는 핑계를 대 반대자에게 무자비한 테러를 가한다는 것이다.

한국의 저명한 한 칼럼니스트에 의하면 스탈린 치하에서 숙청, 처형, 유배

된 자는 약 4천만 명, 현지 가이드에 따르면 약 2,500만 명이라고 하고 또 다른 기록에 의하면 숙청된 군인만 2천만 명이라고 하니 한마디로 당시의 소련은 전율과 공포의 정치가 휩쓸었다고 해도 과언이 아니다. 이런 사회주의 체제에서의 정치행태는 러시아에 아직도 조금 남아 있는 듯 10여 년 전에는 야당정치인이나 언론인이 살해당하는 일이 있었다. 그러나 북한에 아직도 이런 잔재나 정치행태가 가장 많이 남아 있는 것을 우리는 잘 알고 있다. 조지아 구루지아 출신인 스탈린은 어린 시절 구두제화공이며 알코올 중독자이던 아버지에게 자주 구타당했다고 했고 1908년 사랑하던 아내를 결혼 1년 4개월 만에 발진티푸스로 잃고, 1932년에는 재혼해서 13년이나 같이 살던 후처마저 자살해서 사생활은 무척 불행하였다.

그의 개인적 비극과 무자비하게 포악했던 그의 정치는 어떤 연관이 있을까? 집권기간 중 스탈린은 자신의 우상화를 추진했으나 사후에는 살인마라는 비판까지 받고 결국 1956년 소련 공산당 전당대회에서 흐루쇼프 수상에 의해 비판을 받고 격하 당하였다. 여하튼 러시아어로 '성채', '성벽', '요새'를 뜻하는 크렘린은 서방의 사람들에게는 어둡고 음흉한 이미지를 주는 것이 주로 스탈린 시대의 전체주의 탓이기도 하지만 그가 단기간에 이룩한 소련의 근대화와 산업화의 업적도 엄연한 역사적인 사실임을 인정하지 않을 수 없다. 그러나 말년에는 자기의 건강상태를 폭로할 것을 우려하여 주치의들까지 모두 숙청한 것을 보면 그의 정신상태가 얼마나 피폐해져 있었나를 짐작해 볼 수 있다.

붉은 광장 옆의 광활한 면적에 2.25km의 성벽과 20개의 탑으로 된 성문을 갖추고 있는 크렘린 궁 안에는 여러 시대 양식의 많은 성당이 있었고 푸틴의 집무실이라고 하는 건물을 지나치게 되었다. 언제나 근엄한 얼굴을 하고 있고 툭하면 웃통을 벗어젖히고 말 위에 앉아 있거나 유도복을 입고 상대방을 메치는 이미지의 푸틴 대통령이 생각났다. 최근에 그는 국가 주도로 소치 동

20개의 탑과 붉은 벽돌로 둘러싸여 있는 크렘린 성내에 있는 푸틴의 집무실

계 올림픽을 성공적으로 치렀고, 서방과의 대결을 통해 크림반도를 장악하였다. 흑해함대를 염두에 둔 그는 결코 물러나지 않을 것이다. 나는 개인적으로 이제까지 보여준 그의 정치적 처신을 좋아하지 않는다. 겉으로는 민족주의를 내세워 위대한 러시아의 건설을 내세우고 있으나 권력에 대한 그의 집착과 욕심은 잘 알려져 있다.

그는 2000년에 대통령에 당선, 2004년에는 재선에 성공해서 이미 2008년까지 8년 동안 대통령직을 수행했다. 그는 측근인 메드데베프가 대통령이 되자 그 밑에서 총리도 하고 2012년에 다시 대통령에 당선되었다. 이런 그의 정치행태가 3선 연임을 금지하는 러시아 헌법을 우회하는 꼼수라는 비판과 함께 격렬한 반푸틴 시위에도 아랑곳하지 않고 그는 자신의 정치적 신념에 따라 모든 것을 밀고 나가는 뚝심을 보였다. 나의 관심은 권력자의 이런 정치 행태를 보면서 러시아의 민주화 정도를 가늠해 보는 데 있다. 스탈린 이후 러시아는 산업화는 이룩했으나 민주화의 진척 정도에는 의문을 갖지 않을 수 없다. 중국에 대해서도 나는 똑같은 의문을 가지고 있다. 북한은 산업화도 민주화도 이룩하지 못하고 있어 사회주의 체제 경험을 한 나라를 방문할 때마다 안타까운 마음을 금할 수 없다.

크렘린 궁 안에 있는 모든 성당 중 가장 오래된 성모승천 성당

18세기 안나 여제의 위엄을 상징해서 200톤으로 제작한 안나 여제의 종

황제의 위엄만 상징할 뿐 한 번도 발사된 적이 없는 황제의 대포

크렘린 궁 안에는 3대 성당 중 가장 오래된 '성모 승천 성당'을 비롯해서 황제의 위엄만 상징할 뿐 한 번도 발사해 본 적이 없는 '황제의 대포'와 한 번도 울린 적이 없고 매달 수도 없는 '안나 여제의 종' 등이 전시되어 있었다. 그런데 이 종은 만드는 과정에서 화재가 나 인부들이 붉게 달아오른 종에 찬물을 끼얹어 종의 일부가 떨어져 나갔다고 한다. 크렘린이라고 하면 모스크바에 있는 궁전이란 뜻 이외에 러시아 정부나 옛 소련 공산당 자체를 표현해서 음흉한 이미지를 떠올리게 했지만 크렘린 궁을 실제로 둘러본 후의 느낌은 그렇게 어둡지 않았다.

크렘린 관광을 마치고 러시아의 또 다른 도시인 상트페테르부르크로 이동하기 위해 모스크바 공항으로 가는 도중에 모스크바 국립대학을 지나치게 되었다. 마침 모스크바 현지에서 나온 가이드가 이 대학의 역사학과에서 박사과정을 밟고 있는 한국 유학생으로, 그는 공항에서부터 이 대학이 세계적인 대학임을 강조하였고 이곳에서 공부하고 있는 데 대해 강한 자부심을 가지고 있었다. 그래서 나는 먼발치에서나마 이 대학을 보게 된 것을 다행으로 여겼다. 가이드는 이 대학을 나온 한국인으로 영화배우이며 탤런트인 박신양 씨를 예로 들었는데, 아마 그가 나온 국립 쉐프킨 연극대학교가 이 대학교와 관련이 있는 모양이다. 과거의 한국과 러시아가 적대국이라는 특수한 관계여서 그렇지, 제3세계의 국가들, 특히 북한의 많은 유명 인사들이 이 대학을 거쳐 갔을 게 틀림없다고 나는 생각했다.

과연 세상은 많이 변했다. 1953년 스탈린이 죽고 1956년 흐루쇼프가 스탈린 격하 운동을 벌이자 6월에는 폴란드에서 반소反蘇 봉기가 일어났고 뒤이어 10

모스크바 국립대학의 위용

월에는 헝가리에서도 반소 봉기가 일어났다. 당시 반공 사상이 투철했던 한국에서는 헝가리 사태를 헝가리 의거라고 불렀다. 그때 당시 공보부에 다니던 한 지인이 헝가리 의과대학에 다니다가 반소 봉기의 틈을 타 한국으로 탈출해 온 북한 청년을 우리 집에 데려왔다. 당시 나는 중학생에 불과했고 무척 신기해할 따름이었다. 그런데 거의 60년이 된 지금 한국 학생이 모스크바 대학에 다니는 것을 자랑으로 여기는 세상이 되었고, 두 곳의 헝가리 국립의대에는 무려 300여 명의 한국 학생이 유학하고 있다니 그동안 세상 변한 것이 놀랍기만 할 뿐이다.

전에 레닌그라드로 불렸던 상트페테르부르크는 모스크바에서 비행기로 1시간 20분 걸리는 서북쪽에 있다. 러시아는 세계에서 가장 큰 나라이다. 한반도의 77.4배이고 미국의 거의 두 배에 이른다. 그런데 이 두 도시만 생각하면 1981년에 내가 워싱턴의 연구소에 있을 때 만났던 러시아인이 생각났다. 그는 미국으로 망명해 왔는데 그에 의하면 "소련이 땅 덩어리는 크지만 모스크바와 레닌그라드만 두드리면 미·소간의 전쟁은 끝난다."고 했다. 당시 미국은 레이건이 대통령에 당선되면서 군비 경쟁에 대한 논란이 치열하게 벌어지고 있었다.

80년대 초 미·소 간의 군비경쟁이 결국 고르바초프의 등장에 이어 구소련이

버스의 차창을 통해서 본 상트페테르부르크 시

붕괴되는 등 여러 가지 결과를 가져왔다는 지적을 생각해 보면, 현재 동북아에서 진행되고 있는 군비경쟁이 궁극적으로 미국, 일본, 한국을 한편으로, 중국과 북한을 또 다른 편으로 놓고 볼 때 어느 쪽에 더 불리한 영향을 미칠지는 분명해 보인다. 그럼에도 불구하고 북한은 핵실험도 모자라 미사일과 장사포를 마구 쏴대니 정말 한심한 생각이 든다. 북한이 그런 방향으로 나아갈수록 북한 동포들의 생활은 더욱 피폐해질 것이 명약관화하니 안타까운 생각만 들뿐이다.

현재 약 510만의 인구를 가진 상트페테르부르크는 1703년 러시아 제국의 차르인 표트르 1세에 의해서 건설되었다. 그래서 1713년 모스크바에서 천도하여 러시아 혁명이 일어났던 1918년까지 러시아 제국의 수도였다. 그런데 처음에 이곳에 도시를 세우기에는 자연환경이 아주 좋지 않았다. 도시를 건설하기 위해서는 석조토대가 필요한데 이 지역은 수면이 지면보다 높은 늪지였기 때문에 이를 메우는 데 엄청난 돌이 필요했다고 한다. 따라서 수많은 노예들이 동원되었고 그들이 고된 노동을 이기지 못하고 사망했을 때에는 늪지에 버려져 이 도시에는 뼈 위에 세운 도시라는 별명까지 붙었다고 한다.

특히 지면보다 수면이 높았던 관계로 네덜란드 출신의 전문가들까지 데려와 도시를 건설한 까닭에 그 늪지대가 지금은 수백 개의 다리와 운하를 가진 아름다운 도시로 변모하였다. 나는 여행사들이 왜 모스크바와 상트페테르부르크, 이 두 도시만을 보여주는지 의아해했다. 그리고 이 도시에 와보니 만일 내가 모스크바만 보고 갔다면 러시아를 이해하지 못할 수도 있겠다는 생각이 들었다. 또 이 두 도시를 보고 나서야 모스크바는 혁명 후, 상트페테르부르크는 혁명 전의 도시라는 것을 상상할 수 있었다. 뿐만 아니라 여기에 와서야 비로소 러시아의 문화가 만만치 않구나 하는 것을 느꼈고, 고르바초프의 이야기는 뒤로 미루고 혁명 전의 러시아 역사를 이 도시의 성장과 함께 좀 더 더듬어 볼 필요가 있다고 생각했다.

상트페테르부르크의 도처에서 볼 수 있는 다리와 하천

영어로는 피터 대제라고 하는 표트르 대제는 도대체 왜 항구로 입항하는
모든 배들을 배의 크기에 따라서 일정량의 돌멩이들을 싣고 들어오도록 명
령까지 하면서 이 늪지대에 도시 건설을 결심했을까? 그는 발틱 해로 나아
가려는 전진 기지를 구축함으로써 정치적, 경제적, 군사적 목표를 달성하려
고 했다. 또한 중앙 러시아에서는 볼 수 없는 백야에 매혹되어 도시 건설의 첫
삽을 든 것이다. 그래서 지금 상트페테르부르크는 '북쪽의 베니스' 또는 '유럽
을 향한 열린 창'이라고 불리면서 표트르 대제가 당초에 구상했던 도시의 역
할을 제대로 수행하고 있다. 현재 약 1,000여 명의 한국 교포가 이곳에 살고
있다고 한다.

상트페테르부르크는 1924년 레닌이 사망하자 스탈린의 지시에 의해 레닌그
라드로 이름이 바뀌었다고 한다. 그 전의 이름은 페트로그라드니까 이 도시
의 이름은 세 개인 셈이다. 그런데 현지 가이드에 의하면 스탈린은 이 도시에
국민들의 가슴에 영웅으로 남아 있는 레닌의 이름을 붙임으로써 자신의 우상

화도 함께 추진하는 전략을 썼다고 한다. 레닌은 죽기 1년 전에 스탈린의 폭력적 정치수단과 관료주의적 성향 때문에 스탈린을 서기장 직에서 해임할 것을 요구하는 '유언'을 썼다고 한다. 그러나 이때 이미 스탈린은 병든 레닌의 의사를 무시하고 능멸했다고 하니, 이런 스탈린의 전략은 상당히 맞는 설명일 수도 있다.

상트페테르부르크에서 가장 볼만한 곳은 아무래도 도심지에서 남서쪽으로 약 30km, 버스로 한 시간 반 걸리는 곳에 있는 여름궁전일 것이다. 거의 300여 년 전에 만들어질 여름 궁전은 정말 여행객들의 이목을 끌 만큼 화려하였다. 약 300만 평의 부지에 144개의 분수와 7개의 작은 공원과 가로수길, 그리고 20개의 궁전 건물로 되어 있는 여름궁전은 당대의 유명한 건축가와 조각가, 조경기사들이 9년 동안 심혈을 기울여 만든 작품이다. 표트르 대제가 프랑스의 베르사유를 의식해서 만들었고 그가 여름의 대부분을 이곳에서 보냈을 정도로 페테르고프의 여름궁전은 황제의 여름별장 중에서는 가장 화려한 곳이다.

솔직히 말해서 러시아는 추운 나라로만 알고 있다가 이 여름궁전을 보고는 많이 놀랐다. 여름궁전을 보고 아쉬운 것이 있다면 시간에 쫓겨서 궁전 내부를 구경하지 못한 점이다. 모스크바 현지 가이드와 작별하고 상트페테르부르크에서 맞은 현지 가이드는 겨울궁전을 보러가야 한다고 일행을 다그치는 바람에 빨리 이곳을 떠나지 않으면 안 되었다. 궁전이 지어지기 전에 이곳은 페테르고프라는 황제의 도시에 불과했다. 그런데 1714년 표트르 대제의 명령에 따라 핀란드 만에서 점점 높아지는 테라스 모양의 지형을 이용하여 공원과 궁전을 짓고 분수와 조각상을 만들어, 현재는 상트페테르부르크에서 빼 놓을 수 없는 명소가 되었다.

상트페테르부르크는 표트르 1세의 사후에도 계속 성장했다. 앞에서도 언급했지만 표트로 1세는 당초에 상트페테르부르크라는 이름으로 도시를 세

상트페테르부르크의 여름궁전을 윗 공원에서부터 멀리 핀란드만까지 내려다 본 전경

여러 가지 분수가 아름다운 아래 공원에서 올려다 본 여름 궁전의 전경

웠는데, 1914~1924년까지는 페트로그라드, 레닌이 죽은 1924년부터 1991
년까지는 레닌그라드로 불렸다. 그리고 고르바초프 이후 최초의 이름을 찾
아서 오늘에 이르렀다. 표트르 대제가 네바 강 하구의 삼각주에 요새를 축조
한 이후, 이 도시에는 많은 석조건물과 카잔 성당과 상트 이삭 대성당 등 돔
형식의 아름다운 건물들이 지어졌다. 특히 표트르 3세가 구데타 군에게 살
해당하고 그의 부인으로서 여왕에 즉위한 캐서린 2세는 대제라고 불릴 정도
로 러시아를 강국으로 만들었다.

그리고 러시아어로는 예카테리나 2세로 불리는 캐서린 대제의 재임기간
에는 수도 없이 많은 아름다운 건물들이 상트페테르부르크에 들어섰다. 뿐
만 아니라 그녀의 재임기간에는 예술과 문학도 번창해서 상트페테르부르크
는 정치, 경제, 사회, 문화의 중심지가 되었다. 톨스토이, 푸슈킨, 차이코프
스키, 라흐마니노프 등 많은 예술인들이 이 도시 출신임은 결코 우연이 아니
다. 푸틴 대통령도 상트페테르부르크 법과대학에서 공부하였다.

표트르 대제의 여름 궁전에 있는 황금조각 분수대의 또 다른 모습

여름궁전 다음으로 우리가 구경한 겨울궁전은 원래 표트르 대제의 막내딸인 엘리자베스 파블로브나가 여왕에 오른 후 그녀의 명에 의해서 지어졌다. 1,057개의 방이 있는 겨울궁전은 흰색과 초록색의 이탈리아 바로크 양식과 신고전주의 양식을 곁들여 화려하게 지어졌다. 그러나 이 궁전에다가 사적인 공간을 더 만들어 이 거대한 겨울궁전을 수많은 회화와 예술품으로 가득 채운 사람은 캐서린 대제, 즉 예카테리나 2세였다. 그리고 이 궁전의 이름을 은자隱者의 암자庵子를 뜻하는 에르미타쥬Hermitage라고 지었으며, 지금은 겨울궁전 전체가 박물관으로 쓰이고 있다. 에르미타쥬 박물관은 영국의 대영박물관, 프랑스의 루브르 박물관과 함께 세계 3대 박물관으로 꼽히고 있고 구석기 시대부터 20세기까지의 각종 문화유산이 230만 점 이상 소장되어 있다고 한다.

캐서린 대제라고도 불리는 예카테리나 2세는 원래 독일의 시골 귀족 가문에서 태어나 남편인 표트르 3세가 살해당한 뒤 여왕에 올라 변방 국가이며 낙후된 러시아에 서구 문화를 접목하려는 강한 의지를 가지고 있었다. 그녀의 광적인 미술품 수집 취향도 이러한 그녀의 의지와 관련이 있다는 해석도 있다. 후세에 정치는 잘했지만 사생활이 문란한 것으로 알려진 그녀는 세상에서 가장 아름답고 귀한 미술품들을 사들여 에르미타쥬에 소장하고 혼자 감상하며 즐겼다. 그녀는 "에르미타쥬의 보물을 감상할 수 있는 것은 쥐와 나뿐."이라고 하면서 한때 일하는 사람들의 출입마저 금하기도 했다. 재임 중 내내 표트르 대제의 야심과 업적에 자신을 동일시하면서 그의 동상을 건립할 것을 지시, '캐서린 2세가 표트르 1세에게'라고 새긴 청동 기마상이 있었는데 그것을 못 보고 온 것은 조금 아쉬웠다.

어느 나라나 역사를 되돌아보면 훌륭한 왕이나 지도자가 있는가 하면 그 사이에 폭군도 끼어 있는 것이 보통이다. 러시아에는 16세기에 그 포악성에 있어서 누구에게도 떨어지지 않는 이반 4세라는 군주가 있었다. 그는 차르

겨울궁전이라 불리는 에르미타쥬 박물관 내부

의 권력이야 말로 신으로부터 받은 절대 권력이기 때문에 "군주가 잘못하더라도 신하는 무조건 복종해야 한다."는 신념을 확고히 가지고 있었다. 물론 그의 업적을 보면 러시아의 영토를 확장하려는 그의 노력이 보이기도 했지만 옷

겨울궁전의 내부에서 내다본 정원과 궁전들의 모습

매무새가 맘에 안 든다고 며느리를 죽이고 그것도 모자라 그에 항의하는 아들마저 자신의 손으로 때려죽이는 잔학한 행동도 보였다. 그리고 사랑하는 아내가 죽자 독살당했다고 의심하면서 그 자신이 수많은 신하와 귀족을 처형해

전시된 작품 중의 하나로 아버지를 살리기 위한 딸의 노력을 그린 '로마의 자비'

서 '번개를 내리는 악마'라는 의미의 뇌제 이반 4세라는 별명까지 얻었다.

이반 4세 때부터 시작된 차르의 이런 절대군주의 지위가 표트르 대제와 예카테리나 2세가 상당한 업적을 이루는 데 크게 기여한 면도 있으나 이후 알렉산더 1세와 니콜라스 1세, 그리고 알렉산더 2세와 3세를 거쳐 니콜라스 2세에 이르도록 차르 시대는 빈곤과 학정에 대해 끓어오르는 국민의 불만을 잠재우는 데 역부족이었다. 혁명이 일어나는 데에는 이러한 구조적 적폐 이외에 1904~1905년 러·일 전쟁에서의 패배, 1905년 국내에서의 격변, 1914년 1차 세계대전 초반에 독일군에게 당한 참패, 거기다 긴급한 정치적 문제에

볼셰비키 혁명군과 왕실 근위병이 치열하게 육박전을 벌였던 겨울궁전 계단

부딪힐 때마다 결정을 미루는 니콜라스 2세의 우유부단함은 붉게 타오르는 러시아 혁명의 불꽃을 더욱 부채질하는 꼴이 되었다. 로마노프 왕조의 마지막 황제인 니콜라스 2세와 아내 알렉산드라, 그리고 네 딸과 아들은 1918년 7월, 한 지하실에서 혁명군에게 무참히 살해당했다.

이제 세상은 확 바뀌어 러시아는 사회주의 국가가 되었다. 러시아 혁명은 한마디로 차르의 절대 왕정과 귀족, 지주, 우파 그리고 반혁명군인 백군과, 다른 쪽은 레닌의 공산주의, 평민, 노동자, 좌파 그리고 볼셰비키 적군 사이의 전쟁으로 결국 후자가 이긴 전쟁이었다. 패자인 전자에게는 오직 비참한 현실만 남아 있을 뿐이다. 6.25 전쟁 전, 내가 어렸을 때 혜화동 골목길에서 얼굴이 희고 중절모를 쓴 체격이 작은 백인이 아코디언을 켜면서 다니는 모습을 몇 번 본 일이 있다. 사람들은 그를 구리므를 파는 백계 러시아인이라고 불렀다. 구리므가 일본식 발음인지는 잘 모르겠는데 그는 러시아에서 쫓겨나 화장품을 팔고 다녔다.

그러면 혁명 후 러시아는 잘살게 되었는가? 사람들은 행복하고 모두의 삶은 풍족해졌는가? 민주주의는 많이 진척되었는가? 마지막 질문부터 하나씩 생각해 보면 사회주의 체제가 들어선 이후 민주주의는 오히려 많이 퇴보했다고 볼 수 있다. 스탈린의 절대 권력은 차르의 절대 왕정 때보다 더하면 더했지 결코 덜하지 않았다. 그것을 1956년 흐루쇼프가 끌어내리는 데 한 세대가 걸렸고, 그 이후 침체된 민주주의를 살려 보려고 1990년 고르바초프가 개혁을 들고 나왔으니 또 한 세대가 걸린 셈이다. 그럼에도 불구하고 아직도 푸틴의 독재에 반대해 시위가 잦은 것을 보면 러시아의 민주주의는 좀 더 시간이 걸릴 것 같다.

세계은행의 한 자료에 의하면 2013년 현재 러시아의 1인당 국민소득은 14,612달러이다. 냉전시대에 초강대국의 하나로 미국과 쌍벽을 이루었던 나라의 경제 성적표치고는 초라한 편이다. 모스크바의 국민소득은 3만 달러

를 넘는다고 현지 가이드는 말했고 거리에 차는 많았지만 내가 보는 첫 인상
은 그렇게 풍족해 보이지는 않았다. 그러면 전체적으로 러시아는 잘살게 되
었는가? 사람들은 행복해졌는가? 이러한 물음에 긍정적인 대답을 해줄 수
가 없다. 모스크바 사람들이 잘 웃지 않는다고 해서가 아니다. 나의 전체적
인 인상이 그렇다는 말이다. 이제 3~4년 있으면 혁명이 난 지 100년이 되었
는데 그동안 이 정도밖에 발전하지 못했다면 그것은 순전히 사회주의 탓 이
외에는 달리 설명할 길이 없다.

나는 개인적으로 러시아는 오랫동안 두꺼운 벽에 갇혀 있었다고 생각한
다. 그리고 이 벽들을 정면 돌파해서 개혁Perestroika을 통해 깨부수어서 개방
Glasnost을 하려고 했던 사람이 고르바초프라고 보아, 이 사람을 높게 평가한
다. 그는 정말 21세기로 들어오기 전에 세계가 가졌던 몇 안 되는 위대한 정
치가 중의 하나라고 나 자신은 꼽고 있다. 이 벽이 무너지자 벽의 가장 자리
에 붙어 있으면서 기회가 오기만을 기다리고 있었던 16개국이 새롭게 독립
을 찾은 것은 불가피하다고 본다. 결국 소련 연방은 무너졌어도 몸체인 러시
아는 살아남았다고 본다. 세상이 순리대로 되었다고 하면 너무 순진한 생각
일까?

고르바초프는 1985년 소련 공산당 서기장으로 선출되면서 정치, 경제, 사
회, 문화의 개혁Perestroika을 통해서 소련의 민주화를 조금이라도 진척시키려
고 했다. 말하자면 국가 대개조를 시도했다. 복수 후보자가 경합할 때에는
비밀 투표를 실시했고, 부분적으로 시장 경제를 도입했으며, 그동안 모스크
바의 지령에만 의존했던 산업체에게 스스로 생산, 자금 운용, 이윤을 관리
하게 한 것이 자본주의가 아니고 무엇인가? 자본주의가 인류가 발명한 최선
의 경제체제라고 주장하는 사회과학자는 없다. 다만 결함이 많은 차선책일
뿐이라고 우리는 알고 있다. 자본주의는 마르크스가 생각한 것보다 열린 체
제라서 개혁과 수정이 가능하다는 것은 그 동안 있어 왔던 여러 차례의 자본

주의의 위기가 증명하지 않았는가?

　고르바초프는 또한 개방Glasnost 정책을 시도했다. 정치, 경제, 사회의 구조를 개방사회의 구조와 맞게끔 변혁시키려고 했다. 러시아 혁명 초기에는 혁명적 지식층이 사회변혁을 이끌었던 것은 사실이다. 그러나 사회주의 체제가 그 기틀을 잡아나가면서 권력은 공산당 관료들에게로 이전되어 관료주의의 병폐가 오랫동안 소련을 좀먹어 왔다. 말하자면 관 마피아가 구소련을 지배했다. 관료주의가 소련을 망하게 했다는 지적은 바로 이를 두고 한 말이다, 고르바초프는 언론의 자유를 보장하고 서방 사회처럼 경제 규모를 발표해서 경제 재건을 시도했다. 결국 이 과정에서 소련은 해체되고 짧은 엘친과 메드데베프 대통령 시대를 거쳐 지금은 푸틴 대통령이 러시아를 이끌면서 고르바초프는 잊혀져 가고 있다.

　모스크바 공항에서 상트페테르부르크로 가는 비행기를 기다리는 동안 한 네덜란드 지식인과 나눈 짧은 대화로 러시아에서 고르바초프의 인기는 바닥에 있다고 들으면서도 나는 놀라지 않았다. 세상인심은 언제나 그러려니 하고 생각하고 있었기 때문이다. 이제 도시 전체가 세계문화유산인 상트페테르부르크를 떠나 핀란드로 들어갈 때가 되었다. 버스로 핀란드 국경까지는 3시간 조금 넘게 걸린 것 같았다. 그런데 국경을 넘기 전에 러시아 쪽에서의 수속이 간단하지 않았다. 가이드와 승객들은 버스에서 다 내리고 버스기사는 서류를 들고 왔다 갔다 하는 것이 보였다. 아니 러시아로 들어가는 것도 아니고 떠나고 있는 사람들을 왜 이렇게 붙잡고 있는 것일까?

　수속이 모두 끝난 후 가이드는 몇 번씩 강조한다. 수속이 많이 간편해졌다고. 몇 년 전만 해도 경비병과 관리인들이 담배나 얻어 피우려고 여행객들을 몇 시간씩 안 놔줘서 어떤 사람들은 다시는 러시아에 오지 않겠다고 많은 불평을 했다고 한다. 사람들의 의식과 그로부터 나오는 습관, 관행, 잔재가 참으로 질기다고 생각했다. 이 모든 것을 고쳐 보려고 고르바초프는 그렇게 애

쓰지 않았던가? 상트페테르부르크를 두고 "돌과 금속과 물이 이토록 조화롭게 융합된, 이보다 더 아름다운 도시를 나는 알지 못한다."라고 말한 프랑스 작가 앙드레 지드의 말은 벌써 잊은 채 제복 위에다 노란 조끼를 덧입은 러시아 국경 수비대들이 버스에 올라 검색도 하고, 바쁘게 돌아다니면서 버스를 정차시키는 모습만 기억하게 되어 러시아를 떠날 때의 뒷맛은 씁쓸하기만 했다.

핀란드로의 입국은 간단했다. 여행객들이 러시아에서 핀란드 국경을 넘는 방법은 육로일 때는 승용차와 버스와 기차에 의한 방법이 있다. 입국 수속을 마치고 헬싱키로 가기 위해 버스에 다시 올라탔다. 상트페테르부르크로부터 핀란드 국경까지는 3시간 20분, 국경에서 헬싱키까지는 다시 3시간 20분이 소요되어 결국 상트페테르부르크로부터 핀란드의 수도 헬싱키까지는 버스로 7~8시간이 소요되는 셈이다. 숲과 호수의 나라라고 알려져 호수가 엄청 많은 나라인데 차창 밖 경치는 단조로워 지루한 느낌이 들었다.

산타클로스의 고향으로 알려진 핀란드는 2013년 현재 인구는 약 530만 명밖에 안 되지만 면적은 한반도의 1.5배나 된다. 핀란드는 동쪽으로 러시아,

장터 뒤 노란색 건물 옆에 있는 베이지색 건물이 핀란드 대통령 집무실이다

서쪽으로 스웨덴, 북쪽으로는 노르웨이와 국경을 접하고 있다. 국민의 문화적 수준이 높고 사람들은 침착하고 조용하고 말이 없는 편이다. 자원은 없지만 풍부한 산림자원을 바탕으로 선진 공업국으로 발전, 1인당 국민소득이 2013년 현재 47,219달러나 된다. 핀란드의 정치는 어떻게 이루어지고 있는가? 핀란드 대통령 청사 맞은편 마켓광장에는 각종 공예품과 과일을 파는 천막을 친 시장이 서는데 가끔 대통령이 혼자서 또는 소수의 경호원만 데리고 와서 커피를 마신 후 퇴근한다고 하니 핀란드의 정치 현황에 대해서는 물어볼 필요도 없을 것 같다.

헬싱키에서 관광객들이 많이 찾는 곳 중 하나는 헬싱키 대성당과 그 앞의 원로원 광장이다. 1830년에 착공해서 1852년에 완공된 신고전주의 양식의 이 성당은 러시아가 핀란드를 점령하고 있었던 시절에 지어졌다고 한다. 그런데 이 광장에는 러시아 황제 알렉산더 2세의 동상이 아직도 서 있다. 현지 가이드 역시 한국 유학생인데 과거의 핀란드와 소련, 현재의 핀란드와 러시아의 관계에 대해서 물어보니 나쁘다고 대답해서 더욱 이상스럽게 생각했다. 이 동상이 남아 있는 이유는 핀란드 인들에게 자신의 언어를 사용하는 것은 물론 고유의 풍습을 이어갈 수 있도록 배려해서 알렉산더 2세를 존경하기 때문이라고 한다.

아무리 그렇다고 식민지 지배자의 동상을 남겨놓다니 한국에서는 도저히 상상할 수도 없는 일이었다. 물론 핀란드에서도 이 동상의 철거를 둘러싸고 찬성과 반대의 격렬한 논쟁이 있었지만 이것을 하나의 역사적 교훈으로 삼자고 해서 그냥 놔두었다고 한다. 우리는 민족을 위해 커다란 공로를 세웠어도 한때 일제에 협력했다고 해서 얼마나 많은 지도자들을 친일파로 몰아서 매도하고 매장해 버렸는가? 과거 한국의 전통 사회에서 의리나 지조가 하나의 중요한 가치로서 여겨져서일까? 실리를 위주로 버릴 것은 버리고, 얻을 것은 얻는 핀란드로부터 배울 것은 없는가? '핀란드화Finlandization'란 무엇이고 핀란드를 벤치마킹하라는 소리는 무슨 뜻인가?

헬싱키 대성당과 원로원 광장에 있는 러시아 황제 알렉산더 2세의 동상

   '핀란드화'란 강대국이 국력이 약한 나라에게 미치는 영향 때문에 약소국은 그 압력에 대해 어쩔 수 없이 순종적 태도를 가지거나 또는 강대국 사이에서 중립적인 외교노선을 취하면서 실리를 챙기는 것을 말한다. 핀란드는 스웨덴에게 660년, 제정러시아를 거쳐 구소련에 이르기까지 108년, 도합 770년 가까운 세월을 남의 나라의 속국으로 지내온 슬픈 역사를 가지고 있다. 특히 1917년 소련으로부터 독립한 이후에도 두 나라의 관계는 전쟁, 압박, 긴장 등 불편한 관계에 있다. 그래서 핀란드와 구소련은 1948년 우호협력 조약을 체결, 핀란드는 서방 쪽의 북대서양조약기구NATO에 가입하지 않는 대신, 소련으로부터 정치적 독립성을 보장받았다. 그리고 핀란드는 무기체계도 미국과 러시아 양쪽으로부터 구입해 중립적인 입장을 견지하고 있다.

▲▲커다란 바위를 폭파해서 환경 친화적인 교회를 만든 암석교회
▲왼쪽에는 파이프 오르간, 벽은 암석으로 남아 있고 자연채광이 되어 있는 암석교회의 내부

　한국에서 새삼스럽게 '핀란드화'에 관해 조금씩 논의가 되기 시작한 때는
7월 3일 중국의 시진핑이 방한한 이후였다. 시진핑은 한국으로부터 극진한
대우를 받고 혈맹관계에 있는 미국으로부터 두 나라의 관계가 의심의 눈초

시벨리우스 공원에 있는 핀란드의 작곡가 시벨리우스의 두상

시벨리우스를 기념하여 스테인리스로 만든 공원 안에 있는 파이프

원로원 광장 한 쪽에 있는 헬싱키 국립대학

리를 받음으로써 한국 외교는 새로운 딜레마에 빠지고 있는 것이 아니냐는 이야기들이 있었다. 말하자면 중국이 강대국으로 부상하면서 한국은 미국과 중국 사이에서 조심스럽게 지그재그로 '핀란드화'로의 길을 걷고 있는 것이 아니냐는 우려를 낳았다.

나는 정치, 외교, 안보에 문외한이기는 하지만 현재 한국과 중국의 관계는 아주 이상적으로 유지되고 있다고 본다. 두 나라의 긴밀한 관계는 순전히 일본이 과거의 역사에 대해 반성하지 않고 극우로 가고 있고, 북한은 계속 호전적인 자세를 유지해서 나온 결과이지, 한국이 스스로 '핀란드화'의 방향으로 나아가고 있는 것은 결코 아니다. 미국은 자본주의의 세계체제를 유지하기 위해 할 수 없이 일본에 힘을 실어주고 있지만, 통일을 위해 중국의 도움을 절대 필요로 하는 한국의 입장을 이해하지 못하는 것은 아니다. 동북아 4개국과 미국 사이에 벌어지고 있는 이런 상황은 일부러 만들려고 해도 일어나기 어려운데 아주 자연스럽게 조성되었다는 것이 나의 생각이다. 다만 한국과 중국의 관계가 미국을 소외시킬 정도로 긴밀해질 필요는 없다고 본다.

핀란드의 외교처럼 한국의 외교도 창의성이 필요한데 1969년에 건설한 핀란드의 암석교회야 말로 큰 바위에 다이너마이트를 넣어 폭파시켜 만든 가장 창의적인 작품이다. 시장 옆에 있는 대통령 집무실이며, 자신들을 지배했던 적국의 황제 동상이며, 암석교회에 이르기까지 이 모두가 다른 나라에서는 볼 수 없는 광경이다. 우리가 다음으로 찾아간 곳은 핀란드의 세계적인 작곡가 시벨리우스를 기념하여 만든 공원이다. 러시아에 점령당했을 때 시벨리우스는 민족의식과 독립의식을 국민들에게 고취시켰다고 한다. 그는 조국 핀란드에 대한 사랑이 가득한 노래들을 작곡했다는데 대표작으로 '핀란디아'라는 노래가 있다.

핀란드 사람들은 유럽 속 아시아인이라는 인종적 특성도 가지고 있다. 핀란드인들은 우랄알타이어 계통의 언어를 사용하고 있으며 영어에도 능통한 편이다. 특히 교육열이 높고 문맹률이 적다. 핀란드는 인적자원을 중요시하고 학교 현장에서도 학생들 간의 편차 해소를 중시하는 교육을 펼친다. 그래서 현지 가이드에 의하면 학생들은 자신들의 등수가 학급 내에서 어떤 위치에 있는지 모른다는 것이다. 자연히 경쟁이나 차별이 가져올 수 있는 후유증은 최소화되지 않을 수 없다. 이에 비하면 현재 한국의 학교와 군대에서는 경쟁과 차별의 대가가 얼마나 비참하고 잔혹한 것인가를 톡톡히 치르고 있다고 볼 수 있다. 고도의 복지국가인 핀란드에서 아동복지는 특히 잘되어 있고, 한때 기업의 여성 임원 비율이 한국은 2%도 채 안 될 때 핀란드는 29%에 달했을 정도로 여성의 사회활동이 활발하다.

최근 휴대폰 노키아가 마이크로 소프트에 흡수되고 얼음을 깨는 쇄빙선과 호화객선, 화물선을 만드는 조선업이 흔들거려도 핀란드의 국가 경쟁력은 아직도 높은 편이다. 공무원의 청렴도도 아주 높고, 국민들의 도서관 이용률은 세계 1위인 핀란드, 정신과 의식면에서 우리를 앞서고 있다. 뿐만 아니라 1952년에 이미 올림픽을 개최한 나라, 또 구소련과 껄끄러운 사이면서도 서방이 제안한 인권조항을 소련이 받아들이지 않을 수 없었던 인권선언도 이미 1975년에 헬싱키에서 있었다. 정말 핀란드는 지혜롭기도 하고 저력이 있는 나라이다. 이 핀란드는 백야를 볼 수 있는 나라이기도 하다. 해가 제일 긴 하지에는 오전 1시나 2시에 해가 져서 3시에 다시 뜨니까 거의 24시간 해가 있는 셈이다.

위와 같은 점 이외에는 IT 강국이며 사우나를 좋아하고, 교육열이 높을 뿐만 아니라 아시아의 혈통을 가지고 강대국 주변에서 생존전략에 고심하는 점 등 우리와 흡사한 점이 아주 많다. 총인구가 540만 명도 채 안 되고 수도인 헬싱키의 인구는 고작 60만 명이며 메트로폴리탄 인구까지 합쳐도 100만 명밖에 안 되는 이 작은 거인으로부터 배울 점이 너무 많다고 생각했다. 무

엇이 가장 부러울까? 나는 잠시 생각해 보았다. 서로를 배려하는 점이 가장 부럽다고 생각했다. 세상에 흠결 없는 사람은 없다. 그런데 우리 사회에서는 사람을 너무 쉽게 평가한 후 버리는 성향이 있다. 얼마나 많은 사람들이 억울하게 매장되어 이 세상에서 사라졌는가?

2014. 7. 24

06

스칸디나비아

스웨덴
덴마크
노르웨이

게이랑에르
Geiranger

노르웨이

릴레함메르
Lillehammer

플롬
Flam

베르겐
Bergen

오슬로
Oslo

드람멘
Drammen

Fredrikstad

스타방게르
Stavanger

크리스티안산
Kristiansand

예테보리
Göteborg

보로스
Borå

DFDS SEAWAYS 크루즈선

할름스타
Halmsta

올보르그
Aalborg

북해

Klitmøller

란데르스
Randers

오르후스
Aarhus

헬싱괴르 헬싱
쿼벤하운
København

에스비에르
Esbjerg

덴마크

셸란 섬
Sjælland

말도
Malr

아벤라에 오덴세
Aabenraa Odense

지구촌
문화의
그림 플렌스부르크
Flensburg

킬
Kiel

로스토크
Rostok

스웨덴

보트니아 만

순스발
Sundsvall

모스크바 경유 한국행

포리
Pori

탐페레
Tampere

헤멘
Häme

Gävle

투르쿠
Turku
Åbo

He

웁살라
Uppsala

Västerås

스톡홀름
Stockholm

SILJA LINE(실자라인) 유람선

에스퀼스투나
Eskilstuna

Örebro

Södertälje

발트 해

사아레마
Saaremaa

노르셰핑
Norrköping

Zie
bios

린셰핑
Linköping

핑
ping

고틀란드
Gotland

리가
Rīga

벡셰
Växjö

유르말라
Jūrmala

리예파야
Liepāja

마제이
카이아이
Mažeikiai

옐가바
Jelgava

시아울리아이
Siauliai

클라이페다
Klaipėda

리투아니

스웁스크
Słupsk

그다인스크
Gdańsk

186 / 187

칼리닌그라드
Калининград

카우나스
Kaunas

알리투스
Alytus

수발키

콜로브제크

쿠살린

스칸디나비아 반도 복지국가들의 모습
– 스웨덴, 덴마크, 노르웨이를 돌아보고

스웨덴은 어떤 나라인가? 스웨덴은 두 가지로 유명한 나라이다. 하나는 복지국가의 전형으로 세상에 잘 알려져 있고, 다른 하나는 전 세계인을 대상으로 매년 노벨상 수상자를 선정하는 나라로 유명하다. 복지국가! 말만 들어도 한 번 가 보고 싶은 나라이다. 얼마나 복지가 잘되어 있으면 복지국가 중의 복지국가로 불리겠는가? 우리나라처럼 강대국에 둘러싸여 있고 국방에 돈을 많이 써야 하는 나라는 꿈이나 꾸어 볼 수 있을까? 또 세상에서 가장 유명한 상이 노벨상이라는 데 이의를 달 사람은 없을 것이다. 그런데 노벨은 무슨 생각을 했기에 이런 상의 제정을 결심했으며, 다른 상들과 다르게 노벨 평화상은 왜 스톡홀름이 아닌 노르웨이의 오슬로에서 수여하는지 등이 궁금했다.

핀란드 다음의 목적지가 스웨덴이었기 때문에 우리 여행객들은 헬싱키에서 핀란드 서쪽의 도시인 투르크로 이동하였다. 투르크까지는 버스로 약 2시간 걸렸다. 투르크 선착장에서 우리가 탄 유람선은 실자라인Silja Line이었다. 실자라인은 핀란드와 스웨덴을 연결하는 유람선으로 약 2,800여 명의 승객을 태울 수 있다. 배 안에는 사우나를 비롯해 마켓. 면세점, 나이트클럽, 각종 식당들을 가지고 있다. 나는 국내·외 여행을 하면서 여러 가지 종류

투르크 선착장에서 탔던 핀란드와 스웨덴을 오고 가는 실자라인 유람선

의 배를 타 봤지만 5만t의 이렇게 큰 배는 처음 타보았다. 가이드에 의하면 준크루즈 급에 해당한다고 했다. 세월호가 맹골수도에서 침몰한 지 꼭 2개월 만에 여행을 떠났기 때문에 이 배에 승선하면서 세월호의 희생자들을 생각하지 않을 수 없었다. 그래서 밖으로 나 있는 유리창을 두드려 보기도 했는데 그 둔탁한 소리로 유리창이 무척 두꺼움을 느낄 수 있었다.

유람선의 저녁 식사는 뷔페로 음식이 먹을 만하였고 방을 배정 받은 후 9층으로 된 배를 둘러보니 많은 것이 갖추어져 있었다. 물론 지하에 트럭과 버스를 많이 싣고 다녔다. 그런데 하룻밤만 자는 것이라 할지라도 승선과 하선의 경우에 배 밖과 배 안에서 너무 오래 기다려 아무리 생각해도 크루즈 여행이 내 스타일은 아니었다. 그래서 크루즈를 자주 즐겨 타는 누이동생 부부에게 이런 불만을 이야기했더니 진짜 크루즈는 그렇게 번거롭지 않다고 하였다. 들어가자마자 안전 교육도 실시하고 우선 짐들을 배에다 놓고 여행을 다니는 편리함을 강조하였다. 또 크루즈 여행을 하려면 부부가 춤을 출 줄 알아야 한다는 이야기가 있다고 했더니 승객들 중 서양 사람들도 아주 소수만이 춤을 춘다고 하였다.

　실자라인도 서너 개의 배 이름이 따로 있는데 우리가 탄 배는 '발틱의 공주 Baltic Princess'였다. 방 안에는 샤워기가 있는 화장실이 있고 침대 두 개와 텔레비전이 갖추어져 있었다. 복도를 오가는 발자국 소리도 들리지 않고, 많은 방이 연이어 붙어 있는데도 불구하고 조용해서인지 선상에서의 숙면은 의외였다. 다만 모닝콜이 안 돼 휴대폰과 가지고 간 알람 시계를 쓸모 있게 썼다. 선상에서 아침을 먹고 드디어 스웨덴의 수도인 스톡홀름에 도착하였다. 이번 여행에서 제일 와보고 싶었던 곳인데 제일 아쉬운 느낌을 가지고 떠나게 된 곳이기도 했다. 왜냐하면 날씨 때문이었다.

　스톡홀름에서의 관광은 거의 하루 종일 온 비 때문에 망쳐 버린 거나 마찬가지였다. 북유럽으로의 여행 전에 사람들이나 여행사로부터 가장 많이 들은 이야기는 변덕이 심한 이 지역의 날씨였다. 6월 하순인데도 점퍼나 바람막이와 긴소매의 셔츠를 한두 개 가져오라는 주의를 받았다. 러시아와 핀란

실자라인의 '발틱의 공주' 선상에서 바라본 발틱海의 석양

드의 관광은 간간이 오는 비에도 불구하고 그런대로 마칠 수 있었는데 스톡홀름에서는 드로트닝홀름 궁전을 본 이후에는 아침부터 비가 와서 '북유럽의 베니스'라고 하는 이 도시를 제대로 둘러볼 수 없었다. 참으로 아쉬운 하루였다.

스톡홀름 교외에 있는 드로트닝홀름 궁전은 유네스코 세계문화 유산으로 선정되어 있는데 1982년 이후 왕족들이 실제로 거주하는 궁전이다. 분위기는 베르사유 궁전과 비슷하지만 실제로 그 궁전을 염두에 두고 짓지는 않았다고 한다. 9세기 전후부터 바이킹이라는 이름으로 알려졌던 스베아르족은 10세기 경 기독교의 보급과 함께 스칸디나비아 반도에 정착했다. 스웨덴은 이 반도의 세 나라 중 면적은 가장 커서 한반도의 약 2배에 달한다. 인구도 가장 많아서 900만 명이 넘고, 수도인 스톡홀름의 인구는 약 80만 명이나 메트로폴리탄 인구까지 합하면 200만 명에 이른다고 한다.

모스크바에서 출발해서 5개국을 돌아본 지도상의 여정

17세기에 바로크 양식으로 건축된 드로트닝홀름 궁전

2013년 현재 세계은행 자료에 따르면 스웨덴의 1인당 국민소득은 58,164 달러나 되어 핀란드보다도 약 1만 달러나 많다. 한국의 의료복지는 비교적 잘되어 있으나 복지 하면 우리는 우선 소득이 최저 생계비 이하인 기초생활수급자나 액수가 적은 국민연금, 65세 이상 노령자의 지하철 무임승차, 그리고 최근 실시된 65세 이상의 노인 중 소득과 재산이 적은 하위 70%에 속하는 노인들에게 매달 일정액의 연금을 지급하는 기초 노령연금을 연상하게 된다. 말하자면 '자격 있는 빈민'이나 노령자에게 주는 낮은 수준의 선택적 복지급여를 떠올린다. 그러나 스웨덴의 복지는 이런 차원을 넘어 높은 수준의 복지급여를 국민 대부분이 소득이나 자산 조사에 의거하지 않고 하나의 권리로, 다시 말하면 사회권社會權에 입각해서 받는다. 이런 나라에서는, 복지가 국민들 간에 사회의 연대성을 촉진한다고 본다.

스웨덴이 복지국가의 전형이라고 불리는 이유는 경제정책과 사회정책 또는 사회복지정책이 따로 계획되어 집행되는 것이 아니라 긴밀하게 상호의존 되어 있어서 임금수준과 노동시장 등 경제전반에 걸쳐 합의를 강조하기 때문이다. 정부 역시 자발적 임금협정이나 물가 억제 등처럼 이익집단들 간에 대표회담을 통한 거래나 협상을 권장한다. 대체로 복지이념에 따라 네 집단을 일직선상에 놓고 볼 때 양극단의 우파와 마르크스주의자들을 제외하면 중도의 좌 쪽에 사회민주주의자들이 있고, 중도에서 우 쪽에 자본주의를 시장에만 맡기지 말고 정부가 개입해야 한다는 케인즈나 1942년 영국의 복지정책을 계획한 베버리지 경이나 하버드 대학교수였던 갤브레이스가 있다. 이들 두 집단 모두가 자유와 평등을 강조하지만 사회민주당이 오랫동안 집권했던 스칸디나비아 삼국은 평등을 좀 더 강조하고, 후자의 학자들은 평등에 치중하기보다는 자유에 조금 더 초점을 두고 있다고 볼 수 있다.

물론 마르크스주의자들은 자본주의 사회의 사회복지정책은 계급투쟁의 산물이라고 주장한다. 그러나 여행에서 돌아온 후 스칸디나비아 삼국과 핀란드의 역사를 일별해 본 바에 의하면 이 네 나라에서 노동자들의 치열한 투쟁의 기록을 거의 찾아볼 수 없다. 여기에서 스웨덴에는 아주 오랫동안 화해와 합의의 문화와 역사가 있었기 때문에 우리가 스웨덴 복지국가의 모델을 그대로 본을 따기가 어렵다는 문제가 제기된다. 더구나 우리처럼 툭하면 가

두로 나가 시위를 벌이거나 그것도 모자라면 높은 망루에 올라가 항의 시위를 하고, 공권력에 대항해 쇠파이프와 각목을 들고 대항하는 노·사·정 관계를 볼 때 스웨덴 모델이 입은 옷은 우리에게 안 맞아도 너무 안 맞고 심지어 우스꽝스러워 보인다.

더구나 6.25 전쟁을 경험한 한국에서 진보적인 정당이 뿌리를 내리려면 시간이 좀 더 걸릴지도 모른다. 사회민주주의 관점을 갖거나 그런 정책을 지지하는 사람들을 한데 뭉뚱그려 빨갱이로 모는 사회 분위기 역시 문제가 되지 않을 수 없다. 따라서 스웨덴 등 북유럽 국가들은 진보학계와 진보적인 정치인들에게 하나의 사회발전 모델로 지속적인 연구 대상이 될 수 있으나 오히려 나는 개인적으로 이들 나라보다 사회민주주의가 먼저 발전하고 사민당이 더 위력을 떨친 독일의 사회발전 모델을 선호하는 편이다. 물론 독일에는 사회사업학과나 사회복지학과가 없고 복지는 국가정책의 일환으로 행정학과나 정책학과에서 취급하나, 분단의 역사나 인구 규모 등 많은 면에서 독일은 우리가 국가와 사회발전 모델로 연구해 볼 필요가 있다고 생각한다.

스칸디나비아 삼국과 핀란드, 네덜란드 등 몇 나라의 복지국가 유형을 어떤 학자는 조합주의 복지국가라고 부른다. 이익집단의 대표들이 경제와 사회정책에 대해 합의를 도출하고 정부는 계급투쟁보다는 협동을, 사회 갈등보다는 사회적 합의와 책임을 강조한다. 이런 사회적 조합주의 social corporatism 는 남미에서처럼 국가가 강압적으로 노·사 관계를 이끌고, 인기 영합주의에 따라 분수에 맞지 않게 각종 복지 혜택을 마구 뿌려대는 국가적 조합주의와는 구별된다. 또 다른 학자는 노동자가 자신의 노동력을 상품으로 팔지 않고도 살 수 있는 정도를 의미하는, 또는 노동자의 삶이 시장에 의존하는 것에서 얼마나 자유로운가 하는 정도를 의미하는 탈상품화의 개념으로 복지국가를 나누기도 한다. 이에 따르면 스칸디나비아의 사회민주주의 국가들의 탈상품화 정도는 제일 높은 것으로 분류되고 있다.

위에서 언급한 대로 스웨덴의 복지 정책은 제도적으로 꽉 짜여 있는데 국

매년 연말이면 노벨상 수상식의 축하연이 열리는 비잔틴 양식의 스톡홀름 시청사

민들의 반응은 어떠한가? 높은 복지 수준을 유지하기 위해 많은 세금을 국민들이 부담해야 하는데 괜찮은가? 경제와 사회문제를 풀어 가는데, 사용자와 노동자, 또 이익집단들에게 타협할 수 있도록 많은 권력과 권한을 줌으로써 상대적으로 의회와 의원들이 무기력해질 수 있다는 비판을 국민과 정치인들은 어떻게 받아들이고 있는가? 경기가 좋을 때 사용자들이 이익의 일부를 경기가 나쁠 때의 노동자들을 위해서 비축해 놓는 그런 배려는 어디에서 나온 것이며 그런 제도적 장치나 살트조바덴 협약을 쌍방이 어떻게 성공적으로 만들 수 있었는가? 정말 많은 의문이 있었으나 스웨덴 현지여행에서 속 시원하게 들은 것은 아무것도 없었다.

우리 일행이 비를 맞으면서 가이드의 안내로 찾은 곳은 스톡홀름 시청사이다. 스톡홀름은 발틱海와 멜라렌 호수가 맞닿은 곳에 있기 때문에 청사 앞도 호수가 펼쳐 있어서 맞은편의 섬 풍경을 그대로 볼 수 있어 좋았다. 이 도

스톡홀름 시청사에서 바라본 멜라렌 호수 건너편 섬의 전경

시는 1523년 구스타프 1세에 의해 수도로 정해진 이후 발틱海와 멜라렌 호수 위에 있는 14개의 섬이 57개의 다리로 이어진 북유럽의 대표적인 미항이다. 시청사는 고풍스럽게 지어졌는데 매년 12월 10일에는 왕족과 귀족, 그리고 사회의 명사들이 노벨상 수상자들과 함께 축하연을 베푸는 곳이기도 하다.

　시청사를 나와 우리가 비를 맞으며 가 본 곳은 구시가지로 알려져 있는 감라스탄이란 곳으로 그 근처에는 노벨상 박물관이 있었다. 노벨상의 기원은 우리가 모두 알고 있듯이 노벨이 다이너마이트를 만들었으나 그것이 인류의 삶을 윤택하게 하는 데 크게 이바지하리라는 그의 기대와는 다르게 전장에서 많은 사람들의 목숨을 앗아가는 바람에 크게 실망했다. 따라서 그가 발명으로 얻은 막대한 돈을 물리학, 화학, 생리학·의학, 문학과 평화의 다섯 가지 분야에서 공헌한 사람에게 상을 주라는 유언을 죽기 1년 전에 남겼다. 후에 경제학이 추가되어 노벨상은 여섯 분야에 수여된다. 그런데 당시 노르웨이는 스웨덴에 합병된 상태에 있었는데 노벨이 평화상은 노르웨이가 선정해서 수여하라고 한 이유는 분명하지 않다.

스톡홀름에는 바사 박물관이란 곳도 있다. 이 박물관에는 침몰된 목조 전함인 바사호가 원형의 95%가 복원되어 전시되어 있다. 바사 왕가의 구스타프 2세인 아돌프 왕이 1625년에 바사 전함을 건조하라고 명령, 1628년

스톡홀름 시청사의 벽면에 새겨져 있는
알프레드 노벨의 옆얼굴

8월에 완성했다. 그러나 8월 10일 진수식 당일, 출항 15분 만에 갑자기 불어 닥친 돌풍을 맞아 왼쪽으로 배는 기울어 수심 330m의 해저로 침몰, 승선한 150명 중 30명이 익사하는 대재앙이 일어났다. 당시 스웨덴은 러시아, 스페인과 함께 유럽에서 강대국의 반열에 올라 바사 호는 어느 나라의 배와 싸워도 지지 않으리라 자신하던 배였는데 어이없게 가라앉은 것이다. 다행히 근

건물 내부에는 역대 노벨 수상자의 사진과 공헌한
분야가 전시되어 있는 노벨상 박물관

맨 위) 카메라에 담을 수 없을 정도로 큰, 길이 62m, 높이 50m의 자작나무로 건조된 바사호의 옆모습

중간) 바사 호 옆에는 10분의 1 크기로 축소된 모형이 전시되어 있다

맨 아래) 바사호가 왼쪽으로 침몰되고 있는 모습을 모형을 통해 보여주고 있는 광경

해에서 침몰한 데다 진흙 뻘 속에 묻혀 있어서 사고가 난 지 333년 만인 1961년에 인양될 때 14,000여 개 이상의 목재조각 장식품들이 함께 출토되어 짜맞출 수 있었다고 한다. 따라서 지금은 현존하는 세계 유일의 17세기 목조 전함으로 알려져 있다.

그런데 이 대재앙은 당초에 어떻게 일어나게 된 것일까? 당시 구스타프 2세 아돌프 왕은 네덜란드 조선 기술자들을 데려다 바사 호를 건조했다는데 당시의 조선 기술로는 경험이 없었던 큰 선박을 건조한 것이 첫 번째 이유라고 한다. 두 번째는 조선 기술자들이 애초에는 단층 32문의 함포 설계를 계획했는데, 아돌프 왕은 그것을 2배 더 늘려 복층 64문의 함포로 설계 변경함으로써 상부 하중이 증가, 균형이 무너졌다고 한다. 역사는 반복되는 것일까? 이 대목에서는 세월호를 연상시키는 면이 없지 않아 있었다. 그리고 세 번째는 갑자기 불어닥친 돌풍 때문이었다고 하는데 전함의 함장 이야기는 없는 것을 보니 그는 비겁하지는 않았나 보다. 여하튼 인양된 후 17년간 보호액을 뿌리는 작업을 계속해서 거의 원형 그대로 전시되고 있었다.

스톡홀름 관광을 마치고 버스로 약 4시간 서남쪽에 있는 왼쇠핑에 도착, 호텔에 투숙했을 때에는 날씨가 활짝 개었다. 하룻밤을 보내게 될 호텔도 마음에 들고 해서 저녁을 먹은 후 근처의 슈퍼마켓을 둘러보았다. 물건도 많고 질도 아주 좋아 보였다. 확실히 스웨덴은 잘사는 것 같았다. 자본주의와 시장경제를 유지하면서도 사회주의가 강조하는 평등의 가치를 복지로 녹아들게 해서 인간의 삶을 윤택하게 하는 데 성공한 스웨덴을 더 보고, 생각해보고 관찰할 시간이 없는 것에 무척 아쉬운 느낌이 들었다.

유럽의 다른 나라에 비하면 인구가 적었지만 주변의 나라들보다는 인구가 많았던 스웨덴은 덴마크와도 전쟁을 했고 핀란드와 노르웨이를 지배했던 북유럽의 강국이었다. 그런데 의회 민주주의가 오래전부터 발전했고 합의와 타협의 정치 토양이 성숙한 데다 1976~1982년의 6년과 1991~1994년의 3

덴마크의 헬싱괴르를 향해 떠나는 대형 페리 뒤로 멀리 스웨덴의 헬싱보리가 보인다

년간 도합 9년을 제외하고는 1932년부터 2006년까지 무려 65년간을 집권한 사회민주당이 오늘의 스웨덴을 만드는 데 크게 기여했다. 1976년 이후 80년 대 초까지는 세계 경제가 침체에 빠지면서 복지국가의 위기론이 크게 대두 되고 이슈가 되었던 시기였다. 2006년 이후는 부르주아 정당인 중도당이 집 권, 현재에 이르고 있으나 복지국가의 위상에 큰 흔들림은 없는 것 같은 인 상을 받았다.

이제 왼쇠핑의 호텔에서 아침을 먹고 스웨덴의 헬싱보리로 이동, 페리를 타고 덴마크의 헬싱괴르로 떠날 때가 되었다. 나는 이번 여행을 떠나가 전까 지는 스칸디나비아 삼국이 핀란드, 스웨덴, 노르웨이로 잘못 알고 있었다. 핀란드 대신에 덴마크가 들어갔어야 했다. 대신 북유럽이라고 할 때에는 이 네 나라 이외에 아이슬란드가 추가된다고 한다. 덴마크의 인구는 2013년 현 재 약 556만 명이고 전 인구의 약 1/5이 채 안 되는 약 50만 명이 수도인 코펜 하겐 시에 살고 있다. 그러나 메트로폴리탄 인구까지 치면 약 140만 명이 된

강과 다리와 건물들이 아름답게 조화를 이룬 코펜하겐 시내의 모습

건물 사이로 니하운 Nyhavn 의 운하 위로 배들이 다니고 있는 코펜하겐 시내

다고 한다. 이 나라의 면적은 아주 작아 남한의 반도 채 안 되어서 덴마크가 가지고 있는 자치령인 그린란드와 페로제도를 제외하면 스칸디나비아 반도 에서는 가장 작은 나라이다.

서쪽과 북쪽은 북해에 닿아 있고, 동쪽은 발틱 해에 접해 있으며 남쪽으로는 유일하게 독일과 국경이 맞닿아 있는 덴마크는 석회암 이외에는 지하자원이 거의 없다. 그러나 북해의 오일과 천연가스의 상당량을 차지하고 있다. 경제는 서비스업, 제조업, 금융업에 의존하고 있고 관광업도 성한데 매년 많은 독일인 관광객들이 덴마크를 찾고 있다. 2013년 현재 1인당 국민소득이 58,930달러에 달해 스웨덴 못지않게 잘 살고 있다. 복지도 '요람에서 무덤까지 from the cradle to the grave'라는 말 그대로 유아가 태어나서부터 노령에 이르기까지 복지가 잘되어 있다. 산모의 출산전후 보호와 탁아소의 접근 용이성과 아동 수당 등 가족복지와 노령자에 대한 현금 급여와 질병 보험 등 노인복지도 잘되어 있다.

　뿐만 아니라 생애주기에서 경제활동 인구에게 일어날 수 있는 직업재해와 노동자 보호, 고용과 실업에 대한 지출 등이 잘 지급되고 있다. 또 교육만 예를 들어도 유치원에서부터 대학원까지 국·공립으로 무상이라고 한다. 이처

코펜하겐의 고풍스러운 시청사 건물

럼 복지가 공적 부조와 최소한의 소득 보장을 넘어서 의료, 교육, 주택, 고용 등 그 영역이 확대되고 있다. 이런 정책은 단지 덴마크에만 해당되는 것이 아니라 스칸디나비아 삼국과 핀란드에서 공통적으로 볼 수 있다. 물론 국민들은 이런 정책들을 정부의 온정주의로 받아들이는 것이 아니라 국민으로서 당연히 누려야 할 권리로 알고 있고, 고율의 세금을 감당함으로써 책임역시 다하고 있다.

페리를 타고 채 30분도 안 되었는데 덴마크에 도착했으니 스웨덴과 덴마크는 무척 가까운 거리에 있었다. 그리고 바로 1시간 정도 걸려 코펜하겐에 도착했을 때에는 날씨가 맑게 개었다. 그래서 그런지 공기가 쾌적한 것 같았다. 그런데 핀란드와 스웨덴과는 다르게 유별나게 자전거가 많이 눈에 띄었다. 자전거 통학과 출퇴근 비율이 35~50%, 자동차 통근은 32%, 대중교통 통근은 26%로 자전거 비율이 가장 높아 이런 정책이 공기청정 유지에 크게 기여하고 있는 것 같았다. 명예직인 국회의원들도 자전거로 출퇴근하는 의원들이 많다고 하는데 우리의 실정과 너무나 달라 착잡한 생각이 들었다.

400여 개의 섬으로 되어 있는 덴마크의 에너지 정책 또한 눈여겨볼 만하다. 덴마크는 현재 풍력발전으로 에너지 공급량의 33%를 생산하고 있고 2020년까지는 에너지 생산량의 절반을 풍력발전으로 얻겠다는 계획을 발표한 바 있다. 심지어 코펜하겐 시장은 2025년까지 코펜하겐을 화석연료 제로 도시로 만들겠다는 계획을 가지고 있다고 한다. 그래서 이미 코펜하겐 지역에 3개의 풍력발전용 터빈을 설치했고, 시민의 89%도 이런 시장의 계

덴마크는 '자전거의 나라'라고 할 수 있을 정도로 자전거 타기가 일상화되어 있다

맨 위) 시청 앞 광장에서 멀지 않은 곳에 있는 안데르센의 동상
중간) 여왕 마르그레테 2세의 왕실가족이 거주하는 네 개의 궁
　　　으로 되어있는 아말리엔보르 궁전
맨 아래) 네 마리의 황소를 몰고 있는 게피온 여신의 조각상

획에 찬성한다고 했다는데 이것 역시 우리 실정과 많이 달라 크게 가슴에 와 닿지 않았다.

　덴마크는 실존철학의 대가인 키르케고르와 동화 작가인 안데르센으로도 유명하다. 특히 안데르센은 아주 어려운 가정에서 태어나 유명한 정치인의 도움으로 대학교육을 마치고 배우가 되는 것을 희망했으나 실패하고 동화를 발표하기 시작해서 이름을 날렸다. 매년 크리스마스 때면 덴마크 사람들의 가정은 안데르센으로부터 동화선물을 받곤 했다. 그는 인어공주, 미운 오리 새끼, 벌거숭이 임금님, 성냥팔이 소녀, 눈의 여왕 등 130편 이상의 주옥같은 걸작 동화를 남겼다.

　언제나 심정적으로 자신을 '힘없는 자', '소외된 자', '가난한 자'와 동일시하면서 휴머니즘이 넘치는 동화를 발표했을 뿐만 아니라 어린이들에게 아름다운 환상의 세계를 꿈꾸게 함으로써

서정적인 정서를 풍부하게 하는 노력도 잊지 않았다. 평생을 독신으로 지내며 독일과 이탈리아 여행하기를 좋아하였다. 1805년 코펜하겐 근처 오덴세에서 태어난 안데르센이 1875년에 죽자 온 국민이 상복을 입었으며 국왕, 왕비, 황태자가 장례식에 참석했을 정도이니 그는 정말 온 국민의 사랑을 받았던 것 같다. 그의 동상이 쳐다보고 있는 곳은 맞은편 시민들이 가장 좋아하는 티볼리 공원이라고 하니 덴마크 사람들과 그는 정말 서로 지극한 사랑을 나누었다는 느낌이 들었다.

현재 덴마크에서 또 한 사람이 인기가 있다고 하는데 그는 여왕 마르그레테 2세로 왕실 가족 중 가장 소탈하고 친화력이 있어 국민들이 좋아한다고 한다. 왕실 가족이 주로 겨울에 거주한다는 아말리엔보르 궁전은 여왕과 왕세자 궁이 따로 있으며 궁전 앞 광장은 언제나 관광객들이 많이 찾는 곳이다. 그런데 프랑스의 베르사유 궁을 비롯해서 그동안 내가 본 여러 나라의 궁전과 비교해 볼 때 아말리엔보르 궁은 화려함은 찾아볼 수 없고 상당히 소박하다는 인상을 받았다. 다시 한 번 왕실에서부터 말단 공무원에 이르기까지 왜 덴마크의 공직자들이 청렴한지를 알 것 같았다. 남한의 반밖에 안 되고 인구도 적은 이 나라에서 허례허식은 조금도 찾아볼 수 없었다.

다음으로 우리 여행객이 찾은 곳은 여신 게피온Gefion의 조각상이 있는 분수대였다. 네 마리의 황소를 힘차게 몰고 있는 이 여신의 조각상은 코펜하겐이 현재 위치하고 있는 질랜드Zealand 섬의 탄생 신화에서 비롯되었다. 이 조각상이 간직한 신화는 이렇다. 스웨덴 왕이 여신 게피온에게 이 지역을 밤에 경작할 수 있도록 약속을 하였는데 여신은 자기의 네 아들을 황소로 변하게 한 뒤 땅을 파서 그것을 스웨덴과 덴마크의 핀Fyn 섬 사이를 흐르는 바다에 던져 질랜드 섬을 만들었다고 하는 신화이다. 그래서 그런지 질랜드의 모양과 크기가 스웨덴의 베네렌Vanern 호수 모양과 비슷하다는 지적도 있다.

게피온 분수대에서 오른쪽으로 항구를 바라보면서 걷다 보면 해안가에 많

안데르센의 동화에 나오는 인어공주의 동상은 작기는 하지만
코펜하겐을 찾는 관광객들이 반드시 찾아가는 곳이다

은 사람들이 모여 있는 곳을 보게 되는데 바로 인어공주 동상이 있는 곳이
다. 동상은 칼스버그 맥주회사 2대 사장인 카르 야콥센이 왕실극장에서 인
어공주를 관람하고 감동을 받은 후 1913년 조각가 애드발트 에릭슨에게 의
뢰해서 동상을 제작, 코펜하겐 시에 기증했다. 청동과 화강암으로 만들어진
이 동상의 인어공주 이야기는 안데르센의 동화에서 나온 것으로 한 인어가
육지에 사는 젊고 잘생긴 왕자를 만나기 위해 모든 것을 포기했다고 한다.
그녀는 매일 아침저녁 바다 밑에서 헤엄쳐 올라와서는 바위에 앉아 사랑하
는 왕자를 한번 흘끗 보기라도 했으면 하고 해안가를 뚫어지게 바라보다가
는 다시 바다로 돌아간다고 한다.

　인어공주의 모델은 처음 왕립극장의 프리마돈나로 정했는데 그녀가 누드
가 되는 것을 거절하여 얼굴만 그녀의 것으로 하고, 몸은 조각가인 에릭슨
부인을 모델로 했다고 한다. 그런데 전체 길이가 80cm에 불과한 이 작은 동
상은 1964년, 1998년에는 머리가 잘려 나가고, 1984년에는 팔이 떨어져나가
는 불상사가 일어났고, 2003년에는 완전히 파손되어 바다로 던져졌다는데

그때마다 복구되었다고 한다. 세상에 무뢰한은 동서고금을 막론하고 별 차이가 없다는 느낌이 들었다. 더구나 문명세계의 최첨단을 가고 있는 이 나라에도 이런 일이 일어나고 있는 것을 생각하니 우리는 항상 인성이 망가질 때를 경계하지 않으면 안 되겠다는 생각이 들었다.

이제 마지막 여행지인 노르웨이로 떠날 때가 되었다. 자유여행이 아닌 패기지 여행을 하다 보면 막바지로 갈수록 볼거리도 많아지고 잠자리도 좋아진다는 느낌을 가지게 되는 것이 보통이다. 이번 여행도 예외는 아니었다. 코펜하겐에서 노르웨이의 수도인 오슬로까지는 어떻게 가나? 또 한 번의 크루즈 여행이 남아 있었다. 우리가 타고 갈 유람선은 DFDS SEAWAYS였다. DFDS SEAWAYS는 코펜하겐과 오슬로를 잇는 북유럽의 대표적인 크루즈로서 연중 매일 운행하며, 주말을 이용하여 많은 관광객들이 두 나라를 왕복하고 있다. 3만 5000t 이상의 배안에 고급 레스토랑 및 카페테리아, 어린이 놀이방, 수영장, 바, 극장뿐만 아니라 면세점까지 갖추고 있어 가족단위의 관광 투숙객을 위한 호화로운 유람선이다.

우리가 타고 온 DFDS SEAWAYS가 노르웨이 오슬로에 도착, 정박해있다

선상에서 하룻밤을 보내고 다음 날 아침 오슬로에 도착하였으나 겉모양이 웅장한 근처의 오페라 하우스만 구경하고 바로 버스에 승차, 1994년 동계 올림픽이 열렸던 릴레함메르로 향하였다. 오슬로에서 릴레함메르까지는 약 3시간이 걸렸고 오슬로의 관광은 다른 곳들을 본 후 다시 와서 하기로 되어 있었다. 사실 나는 북유럽으로 여행오기 전에는 이 나라들이 1인당 국민소득이 높고, 국민들이 복지를 위해 기꺼이 고율의 세금을 부담하려고 한다는 점 이외에는 거의 아는 것이 없었다. 특히 노르웨이에 대해서는 더 아는 것이 없었다.

내가 정말 놀란 것은 중동의 한 나라를 제외하고는 노르웨이가 세계에서 제일 잘산다고 들었을 때였다. 세계은행의 한 자료에 의하면 2013년 현재 노르웨이의 1인당 국민 소득은 약 100,819달러로 빈부격차의 요인까지 감안하면 세계에서 제일 잘사는 나라라고 해도 과언이 아니다. 크기는 한반도의 약 1.46배에 달하는 면적에 인구는 2013년 현재 약 508만 6,000명이다. 릴레함메르의 스키장에서 시내를 굽어보면서 나는 2018년 동계 올림픽이 열리는

1994년 동계 올림픽의 스키장에서 내려다본 릴레함메르의 한 평경

유람선에서 바라본 게이랑에르의 피오르

평창을 떠올리지 않을 수 없었다. 릴레함메르도 성공했고 소치도 단기간에 러시아가 국력을 기울여 준비한 끝에 그런대로 성공했는데 평창도 모든 준비를 착착 진행시켜 성공할 수 있기를 기원했다. 릴레함메르에서 다시 버스로 2시간 걸려 오따라는 조그만 도시에 도착해서 호텔에 투숙했다.

　다음 날은 게이랑에르로 가서 유람선에 탑승. 약 40분간 그곳의 피오르를 구경하도록 일정이 잡혀 있었다. 피오르Fjord란 노르웨이어로 '내륙으로 깊이 들어간 만'이라는 뜻이며 연안으로부터 좁고 긴 바다가 내륙 쪽으로 뻗쳐 있는 상태로 빙하에 의해 침식되어 있는 경우가 많다. 그리고 주변은 절벽으로 되어 있는 U자, V자 형태의 계곡에 바닷물이 유입되어 형성된 하구를 이르는 말이기도 하다. 그런데 오따에서 서쪽으로 버스로 3시간이나 가야 게이랑에르에 도착할 수 있었다. 정말 끊임없이 이어지는 버스 여행이었다.

세계에서 가장 오래된 빙원의 하나이며 푸른 빙하로 불리는 요스테달 빙원의 한자락

　게이랑에르에서 탄 유람선의 이름 역시 게이랑에르 피오르였다. 노르웨이에서 가장 유명한 피오르는 송네 피오르이다. 유람하는 동안 내내 비가 뿌렸지만 밖의 풍경은 과연 노르웨이가 자랑할 만한 피오르의 빼어난 경치가 펼쳐져 있었다. 산의 정상이나 계곡을 따라 두 줄기, 세 줄기, 때로는 일곱 줄기까지 거센 물줄기가 세차게 아래로 떨어지고 있었다. 비만 안 왔으면 배 위로 올라가 마음대로 사진을 찍을 수 있었을 터인데 무척 아쉬웠다. 페리에서 하선, 다시 버스로 2시간 30분 달려서 헬레쉴트에서 세계에서 가장 크고 오래된 빙원을 구경한다고 했다. 빙원水原 또는 빙야氷野는 지표의 표면이 얼음으로 뒤덮인 언덕이나 벌판을 뜻하는데 멀리서 봐도 어마어마한 양의 얼음이 언덕과 계곡에 쌓여 있었다. 이런 풍경은 여름에 녹는 얼음의 양보다 겨울에 더 많은 눈이 내리기 때문이라고 한다.

▲▲여름에도 좀처럼 눈이 녹지 않고 있는 노르웨이 산야의 풍경
▲협곡까지 들어온 바닷물과 산악과 마을이 어우러진 전형적인 노르웨이 풍경

한여름에도 노르웨이 산악의 정상에서 하얀 눈이 쌓여 있는 것을 보는 것은 이상한 일이 아닐 정도로 흔한 광경이었다. 또 여름에는 해가 오래 떠 있는 백야를 보게 되고, 겨울에는 햇빛을 좀처럼 볼 수 없는 날씨를 우리가 알고 있는데 도대체 무슨 요인들이 이 나라를 이렇게 풍요하게 만들고 있는지 궁금했다. 물론 물가도 아주 비싸고 국민이 많은 세금을 물고 있는 단점도 있다. 여하튼 노르웨이는 그러면 아주 오래전부터 부강한 나라였던가? 절대 그렇지 않다. 과거만 본다면 노르웨이야말로 북유럽 국가들 중에서 가장 설움을 많이 겪은 나라였다. 노르웨이 역사는 제2의 도시 베르겐을 본 후 좀 더 보기로 하자.

베르겐은 오슬로에서 서쪽으로 약 492km 떨어져 있는 노르웨이 제2의 도시로 바닷가에 있는 중세 상업의 중심지였다. 일렬로 늘어서 있으며 밝은색으로 칠해진 아름다운 수십 채의 목조건물은 유네스코 세계문화유산으로 지정되어 있다. 베르겐은 한자Hansa 동맹으로 유명한 곳이다. 한자 동맹은 중세에 북해와 발트 해 연안의 여러 도시들이 상업적인 목적으로 결성해서

중세에 상업이 활발하게 진행되었던
베르겐 상가의 목조 건물들

오슬로의 서쪽에 위치해 있는 항만 도시인
베르겐의 또 다른 모습

많을 때에는 100여 개의 도시가 동맹에 가입했다. 베르겐의 수산물 시장도 유명해서 우리 일행은 이곳에서 생전 처음으로 고래 고기를 맛보기도 했다. 중세 이전의 스칸디나비아 반도는 바이킹의 무대라는 것은 우리 모두가 잘 알고 있다.

노르웨이인은 바이킹의 후예이다. 물론 덴마크인, 스웨덴인, 아이슬란드인, 페로인 등도 바이킹의 후예들이다. 바이킹은 800년과 1050년 사이에 유럽과 북아메리카의 해안에 정착, 해적처럼 약탈을 일삼았지만 정상적인 무역 활동에 종사하기도 했다. 바이킹의 시대가 지나가고 기독교 문명이 스칸디나비아 반도에 들어왔을 때 노르웨이는 독립 국가였다. 그러나 그 후 왕위 계승 문제 등 여러 가지 문제로 내란에 휩싸이면서 1319년에서부터 1355년까지 36년 동안 스웨덴에 합병되었다. 그런데 1388년 칼마르 동맹으로 스웨덴과 노르웨이는 똑같이 덴마크에 잡혀 있었다. 그 후 16세기에 스웨덴은 구스타프 바사가 독립운동을 치열하게 벌인 끝에 독립했으나 노르웨이는 덴마크로부터 스웨덴으로 위양되었다가 1905년 겨우 독립을 했으니 노르웨이 역사는 오욕의 역사라고 해도 과언이 아니다.

그러면 이렇게 오래전에 덴마크에 지배당하고 또 스웨덴에 합병당한 뒤 1900년대에 들어와서야 겨우 독립을 한 노르웨이가 이 두 나라를 넘어서 어떻게 세계에서 제일 잘살게 되었을까 그 이유가 궁금했다. 우선 내일 플롬-뮈르달-보스 구간의 로맨틱 열차에 탑승하여 폭포와 대자연을 감상한 뒤에 이런 의문을 하나씩 생각해 보고 싶었다. 요스테달 빙원을 보고 빙하 박물관에서 짧은 영상물도 본 후 네 시간이나 걸려 구드방엔의 호텔에 도착해서 여장을 풀었다. 우리 일행은 저녁을 먹은 후 모두 들떠 있었다. 왜냐하면 브라질에서 한국과 알제리의 경기가 곧 예정되어 있기 때문이었다.

그런데 방에 텔레비전이 없어 한국의 월드컵 경기를 로비에서 볼 수밖에 없었다. 잘사는 나라에서 의외라고 생각해서 그런지 더욱 불편하게 느껴졌다. 아마 알제리와의 경기에 패해서 더욱 그랬나 보다. 여하튼 다음 날 플롬

낭만 열차에서 관광객이 내려 효스 폭포를 감상할 때 오른쪽에 나타난 빨간 옷을 입은 요정

으로 이동, 로맨틱 열차에 탑승해서 폭포와 대자연을 감상했다. 특히 열차
가 해발 670m에 위치한 전망대에 정차하면 굉음과 함께 쏟아져 내리는 폭포
수와 함께 오른쪽 언덕 위에 빨간 옷을 입은 요정이 나타날 수도 있다고 했
다. 아주 작게 보였지만 요정을 멀리서나마 볼 수 있어서 다행이다 싶었다.

노르웨이의 산악이 험준하고 산이 많아 지하자원이 풍부해서 국부의 원천
일 것 같지만 우리가 생각하는 것보다는 적은 것 같다. 철광석과 소량의 납,
구리, 아연 등이 채굴될 뿐이다. 석탄도 한 지역에서만 채굴된다. 다만 항공
기의 엔진과 기체 등뿐만 아니라 다양한 금속과 합성해서 여러 가지 용도로
쓰이는 티타늄이 유럽에서 제일 많이 매장되어 있다고 한다. 알루미늄과 니
켈도 수출되고 있다. 그러나 노르웨이의 강점은 무엇보다도 산과 강에서 나

산과 피오르가 한데 어우러져 장엄하다 못해 숙연함까지 느껴지는 노르웨이의 경관

오는 수력발전이다. 90년대까지만 해도 생산량은 세계 4위, 1인당 생산량은
세계 제1위였다고 하니까 이 추세는 크게 변하지 않았을 것이다.

산이 많아 목재산업도 번창하고 바다를 끼고 있어 어업 역시 무시하지 못
할 1차 산업이다. 그러나 댐과 터널, 수력발전소, 금속산업, 조선에 기반을
두고 있는 엔지니어링은 세계의 무역이 활발해지면서 유럽, 아프리카, 중
동, 아시아로 수출되고 있다. 특히 노르웨이 조선 산업은 예전만 못하지만
기술개발과 시장개척에 창의력과 뛰어난 능력을 가진 것으로 정평이 나 있
다. 그런 데다가 오일과 천연가스도 수출하고, 60년대 말에 있었던 석유의
발견은 노르웨이를 모든 산업을 갖춘 나라로 만들었다. 이처럼 노르웨이는
한두 업종이나 한두 산업에 의존하는 나라가 아니었다. 인구가 적기는 하지

첩첩산중이라는 말을 실감하게 하는 노르웨이의 산악

만 잘살지 않을 수 없는 산업기반을 가지고 있었다. 나는 노르웨이 인구가 6천만만 되었어도 유럽에서 최강국의 하나가 되었으리라고 상상해 보았다. 8,000만 인구의 독일을 제외하면 영국, 프랑스, 이태리의 인구는 모두 6,000만 안팎이기 때문이다.

이제 여행은 막바지에 이르러 베르겐에서 동쪽으로 이동, 게일로에서 일박한 후 오슬로로 돌아가 관광을 하면 이번 여행은 막을 내린다. 남아 있는 여정은 모스크바를 경유, 인천공항으로 돌아오는 일만 남았다. 그런데 이 마지막 버스 여정에서 내 생전 이렇게 많은 터널을 지나보기는 처음이었다. 긴 터널을 빠져나오면 아름다운 산하가 펼쳐져 있고 또 터널 속으로 들어가지 않을 수 없는 여행이 반복되었다. 확실하지는 않지만 북한이 이 터널 공법을 배워갔다는 소문도 있었다. 나는 라오스에서의 여행이 생각났다. 산을 다 내려가기도 전에 다시 꾸불꾸불 산을 기어올라야 하는 버스 여행이 떠올랐다. 아마 노르웨이도 그렇고 강원도도 그렇고 터널이 아니라면 똑같은 광경이 벌어졌을 것이다.

오슬로의 인구는 약 60만 명이라고 하는데 이것은 아마도 메트로폴리탄 인구는 감안하지 않았을 것이다. 스칸디나비아 여행에서는 현지 가이드들이 언제나 시청 건물로 여행객들을 데려가는데 나는 그 이유를 정확히 알 수 없었다. 아마도 문화공간의 역할도 하면서 시민들이 가장 스스럼없이 드나들 수 있는 곳이라고 생각해서 그런 것 같다. 민원이 있어야만 가는 곳이라

매년 12월 노벨 평화상 시상식이 거행되는 오슬로 시청사

는 우리의 인식과는 아주 다른 것 같았다. 마침 이 글을 쓰고 있을 때 한 시민이 승용차에 가스통을 싣고 아산 시청으로 돌진했다는 뉴스가 텔레비전에서 흘러나왔다. 이것이 우리와 노르웨이의 차이라면 우리가 가야 할 길이 너무나 멀다고 생각했다. 오슬로 시청은 2000년 故김대중 대통령이 노벨 평화상을 수상한 곳이기도 하다. 스웨덴 출신 노벨이 다른 상들은 스톡홀름에서 수여하고, 평화상만 당시 스웨덴이 점령하고 있던 노르웨이에서 하라고 한 유언의 뜻을 어렴풋이 알 수 있을 것 같기도 했다.

오슬로에서 관광객이 많이 가는 곳 중의 하나가 바이킹 박물관이다. 박물관에는 오세베르그 호, 고크스타 호, 투네 호 등 세척의 바이킹 선이 보존, 전시되고 있었다. 옆에 있는 설명판에 따르면 오세베르그 호에는 바이킹 족의 부유한 여인과 그녀의 노예가, 나머지 두 배에는 각각 남자가 들어 있었다고 한다. 바이킹 시대에는 보트에 사자를 묻는 것이 관례였다고 한다. 다

바이킹 족의 부유한 여인과 그녀의 노예를 위한
관의 구실을 하고 있는 오세베르그 호

만 그 노예가 주인을 따라 죽는 순장을 위해 희생되지 않았을까 하는 생각을 하니 안타까운 생각이 들었다. 노예들은 보통 바이킹 족이 기습, 약탈한 후 죄인으로 끌고 온 외국인들이 보통이다.

바이킹 족은 처음에는 많은 족장들로 나누어져 있었으나 점차 하나의 왕이 통치하게 되었다. 바이킹 족은 엄격한 계급이 있었고 자작농이 바이킹 족의 중추를 이루고 있었고 노예는 최하 계급으로 아무런 권리가 없었다. 바이킹 족은 교회, 수도원, 마을

오슬로의 관광객들이 빠지지 않고 찾는 비겔란의 조각 공원

등을 닥치는 대로 약탈하기도 했지만 상인으로서 정상적인 상업 행위도 했다. 노르웨이인들은 바이킹 족 아니, 자기들의 조상에 대해 객관적으로, 있었던 그대로 설명하고 있었다. 이런 모습이 노르웨이인들이 자신들의 역사를 기술하는 방식이었다. 핀란드는 자신들을 지배했던 러시아 황제의 동상을 허물지 않고 있고, 스웨덴은 정성을 다해 비극적인 바사 호 최후의 모습을 보존하고 있었다. 역사는 미화하려고 있는 것이 아니고, 있는 그대로 보존할 때 더 빛나는 법이다.

6대륙을 의미한다는 6명의 남자가
커다란 용기를 떠받들고 있는 분수대

광활한 면적에 여러 가지 형태의 조각 작품들이
전시되어 있는 공원

　우리 일행이 오슬로에서 마지막 찾은 곳은 비겔란의 조각 공원이다. 노르웨이 하면 입센의 '인형의 집'이나 뭉크의 '절규' 같은 작품이 생각난다. 그들의 흔적이 남아 있는 극장이나 박물관보다는 현지 가이드가 우리를 안내한 곳은 수많은 조각 작품들을 볼 수 있는 광대한 조각 공원이었는데 오슬로에 오는 관광객은 어김없이 찾는 곳이라고 한다. 과연 입구부터 갖가지 모습의 기묘한 조각 작품들이 좌우로 늘어서 있어 관광객들의 발걸음을 멈추게 할 정도로 충분히 흥미로웠다.

　조각 공원은 노르웨이 출신의 세계적인 조각가인 비겔란이 1900년에 작은 분수대 조각을 만들어 오슬로 시에 기증했는데 시민들의 반응이 좋아서 시작한 것이 오늘에 이르렀다고 한다. 그 이후 비겔란은 40년간 심혈을 기울여 화강암과 청동으로 작품을 만들어 전시함으로써 조각 공원은 노르웨이를 넘어 세계적인 명소가 되었다. 우리가 방문했던 오후에도 관광객이 많았지만 워낙 넓은 공원이라 사람들이 붐빈다는 느낌은 없었다. 이 조각 공원이 가지고 있는 가장 큰 특징은 작품에 뚜렷한 제목이 없고, 각 작품이 무엇을 표현하려고 했는지가 명확하지 않다는 점이다. 따라서 현지 가이드로부터도 아무런 설명을 들을 수 없었음은 말할 필요도 없다.

　조각 공원의 맨 끝에 서 있는 작품도 작가가 뚜렷하게 무엇을 뜻하고 표현

조각 공원의 맨 마지막 부분에 서 있는 모노리스 monolith

하려고 하였는지 설명이 없기 때문에 우리는 아무것도 알 수가 없다. 모노리스monolith란 '하나의 암석으로 된 기둥'이라는 사전적 의미밖에 없다. 높이 17.3m의 화강암으로 된 거대한 기둥에 121명의 남녀노소가 서로 정상을 향해 기어오르기 위해 안간힘을 쓰는 모습이 인간의 본성을 잘 나타내 준다는 해석도 있으나 사진을 잘 확대해 보면 서로 엉켜 있을 뿐 정상을 올라가려는 의지를 볼 수가 없어 작가의 의도가 더욱 궁금할 뿐이다.

물론 복지천국이라고 하는 스칸디나비아 반도의 세 나라에 빛과 행복만이 있는 것이 아니다. 스웨덴에서는 개인이 실업할 경우 최초 200일 동안은 전의 직장에서 받았던 임금의 80%를 받을 수 있고, 그 이후 100일 동안에도 70%를 받을 수 있다. 이런 제도적 장치와 높은 실업수당 때문에 근로자들이 일을 찾으려 하지 않거나 일을 안 하려는 풍토가 만연되는 현상도 있다고 한다. 스웨덴에는 동거를 뜻하는 삼보Sambo가 아주 오래전부터 있어왔다. 스웨덴과 덴마크에는 젊은이들뿐만 아니라 중년과 노년에게도 동거가 아주 자연스럽게 받아들여지는 점도 다른 나라와는 다른 점이다. 따라서 안정적인 결혼과는 다르게 동거의 지속성이 짧아서 노년후의 독거문제도 사회문제가 되지 않을 수 없다.

세 나라 모두 과도한 세금도 문제가 되고 있다. 세계 최고의 복지 수준을 유지하기 위해서는 재원이 튼튼해야 하는데 세금만큼 확실한 재원은 없고, 그것도 많이 걷지 않을 수 없다. 노르웨이 오슬로에서 우리 일행에게 자유시간이 주어졌을 때 공원에서 자전거를 타고 온 한 젊은이를 만났다. 아내가 아들을 출산한 지 얼마 안 되었다고 했는데 무척 대견하고 자랑스러워하는 표정이었다. 그런데 옷차림과 머리 스타일을 봐서는 비숙련공이나 준숙련공의 육체노동자 같은 인상을 받았는데 자기 임금의 약 27%를 세금으로 문다고 했다. 또 스웨덴 근로자 소득세율은 26~37%이며, 고령연금과 의료보험을 비롯해 고용주가 부담하는 복지 비용이 근로자 임금가운데 32%에 이른다고 한다. 한마디로 공짜는 없는 셈이다.

이번 여행은 10박 12일의 짧은 여행이었지만 그 어느 여행에서보다도 많은 것을 보고, 느끼고, 생각하게 되었다. 솔직히 말해서 여행을 떠나기 전에는 인구가 적어 모든 것을 통제하기 쉬운 나라들, 오랫동안 평화를 맛본 나라들, 제1차, 2차 세계 대전 때 유럽의 변방에 있으면서 참화를 피했던 나라들, 중립을 표방해 국방 예산이 많지 않아 복지가 발전할 수 있는 나라들로만 인식했다. 그런데 이번 여행에서 자본주의로 진화 중인 러시아를 제외하면 핀란드로부터는 지혜를, 스웨덴으로부터는 평등을, 덴마크로부터는 검약을, 노르웨이로부터는 자연보호를 배웠다. 이 나라들에서 공통적으로 느낄 수 있었던 것은 다른 사람에 대한 배려, 공중도덕, 우리가 알고 있는 정치적인 민주주의가 아니라 나의 생각만큼 다른 사람의 생각도 중요하게 여기는 민주주의 가치들이었다. 참으로 공공성에 있어서는 세계 최고의 나라들인 것을 확인하고 돌아왔다. 이 나라들도 야만의 시대, 식민지 경험, 전쟁의 경험을 모두 가지고 있었다. 그런데 복지국가를 이루어 냈고, 품격 있는 국가의 모습까지 보게 되었다. 이번 여행을 통해 참으로 우리의 갈 길이 멀다고 느껴지는 생각을 떨쳐버릴 수가 없었다.

2014. 8. 20

07

중국

서안(西安)
낙양(洛陽)
정주(鄭州)
개봉(開封)

서안(西安)-낙양(洛陽)-정주(鄭州)-개봉(開封)
중국의 고도(古都)를 찾아서

금년 추석을 중국에서 보내게 된 데에는 식구끼리 시간을 내기가 어려워 결정된 것이기는 하지만 나도 몇 가지 찬성할 이유를 가지고 있었다. 우선 가족만의 자유여행이기 때문에 여행사가 마련하는 단체 여행보다 행동의 자유가 있다는 것에 우선 구미가 당겼다. 둘째, 그동안 갈고닦은 쥐꼬리만 한 중국어 실력을 시험하고 싶은 생각도 있었다. 아주 오래전, 대학 1학년 때 조금 배웠고 62세 되던 해 3개월간, 그리고 정년 후 틈틈이 해온 중국어를 실전에 활용할 필요성을 느끼고 있었던 참이었다. 전에도 두 번 중국을 자유여행하면서 얻은 자신감이 이번 여행을 결행하는 데 참고가 되었다. 그래도 중추절仲秋節과 10월 1일 건국 기념일이 겹쳐 수많은 중국인들의 인파에 휩쓸릴 것을 생각하니 선뜻 내키지 않았던 것도 사실이었다. 중국은 아직 문화 지체 현상으로 인한 무질서 때문에 고생할 것 같았다.

하지만 그러한 단점을 제외하고, 중국 여행을 찬성한 데에는 위의 두 가지 이유 이외에도 새로운 지적 호기심을 채우려는 이유도 있었다. 요즘 신문과 방송에서 강대국들의 모임인 G7 국가에 관한 소식은 하루나 이틀 빠지더라도 중국에 관한 기사나 뉴스는 거의 매일 나온다는 느낌은 누구나 가지고 있다. 그런데 그 소식들 중의 대부분은 중국의 빠른 발전상이 조만간 서방의 강대국들을 추월한다는 뉴스들이 많았다. 사실 1991년 수교 직전 홍콩을 통해 들어가 본 중국 각 도시의 모습은 대수롭지 않았다. 특히 상해는 도처에 재건축을 기다리는 서울의 저소득층 지대처럼 초라하기 짝이 없었다. 그런데 수년 전 다시 가 본 상해의 모습은 어떠했는가? 정말 상전벽해桑田碧海와 경천동지驚天動地할 만한 변화의 모습에 입을 다물 수가 없었다. 확실히 북경과 해안지역에 위치해 있는 중국 도시들의 발전은 괄목할 만하였다. 택시 안에서 그 꼭대기가 보이지 않던 고층 빌딩들을 손으로 가리키면서 '까오슈파잔高速發展, 까오슈파잔高速發展.'이라고 외치던 택시기사의 모습이 아직도 기억에 새롭다. 그런데 이번 여행의 목적지는 서안西安, 시안, 낙양洛陽, 뤼양, 정주鄭州, 정저우 그리고 개봉開封, 카이펑이다. 그렇다면 중국 내륙지방의 이 도시들은 얼마나 발전하고 있는가? 또 그 도시들에 살고 있는 사람들의 삶의 수준과 의식과 행동은 나의 눈에 어떻게 비칠까? 중국의 고대 도시들이 지금은 어떻게 변했으며, 사람들의 일상성은 어떤 모습으로 영위되고 있을까? 정말로 북경이나 상해와 같은 거대도시가 아닌 지방 도시에 사는 서민들을 가까이서 볼 수 있는 좋은 기회라 아니 할 수 없다. 지방도시라고 해도 서안은 650만 명, 낙양 450만 명, 정주 800만 명, 개봉 460만 명의 대도시이다. 분명 세계 도시 인구 규모 기준에 따르면 대도시이지만 13억 5천 만 인구의 중국에는 이런 도시들이 도처에 산재해 있으면서 해안지역의 도시들보다 덜 발전해 있다고 가정해 볼 수 있다. 따라서 사람들의 삶의 질 역시 떨어질 것이라고 나름대로 추측해 보았다. 정말 그럴까? 어느 나라나 국토의 균형발전은 언제나 논쟁을 일으키는 주제이다. 참으로 궁금한 의문을 가지고 인천공항에서 비행기에 올랐다.

인천공항에서 3시간 걸려 첫 목적지인 서안에 도착하였다. 서안은 과거 중국의 13개 왕조의 수도이었다. 진秦 이전의 왕조부터 수隋와 당唐에 이르기까지 여러 가지 이름으로 수도의 역할을 하였다. 원시시대 이후 5000년 동안 펼쳐져온 중국의 역사는 수많은 왕조의 부침으로 상당히 복잡하지만 우리가 흔히 들어왔던 왕조들을 중심으로 대략 여섯 시기로 요약해 볼 수 있다. 이러한 구분은 ①기원전 3세기 말의 진秦나라, ②8세기 중반의 당唐나라, ③12세기 초의 송宋나라, ④16세기말의 명明나라, ⑤19세기 초의 청淸나라, 그리고 ⑥1949년 모택동毛澤東, 마오쩌둥이 장개석蔣介石, 장제스의 국민당 세력을 대만으로 몰아내고 세운 20세기 초의 중화민국中華民國의 시대이다. 우리가 소년시절 또는 젊었을 때 만화나 소설로 자주 보거나 들어온 삼국지의 유비劉備, 조조曹操, 손권孫權 간의 패권 다툼은 기원후 3세기 초이므로 진秦이 6개국을 처음 통일한 이후 수백 년이 지나고서였다. 참으로 과거의 중국의 역사는 통일과 분열이 끊임없이 반복된 역사라고도 할 수 있다. 이렇게 보면 하버드 대학의 헌팅턴이 지금도 중국의 분열을 조심스럽게 예측하는 것도 완전히 근거가 없는 것이 아닌 것 같다.

'서쪽의 편안한 곳'이라는 뜻의 서안은 중국 역사의 얼굴이라고 말해도 과언이 아니다. 그래서 '중국의 과거를 알려면 서안을 가 봐야 하고, 현재를 알려면 북경을, 미래를 알고 싶으면 상해를 봐야 한다'라는 말이 나올 정도로 서안은 관광지 중에서도 최대의 명소라 할 수 있다. 명明나라 전에는 장안長安 등 여러 가지 이름으로 불렸던 서안은 1991년 10월에 내가 한 번 가 봤던 곳이라 이번이 두 번째인 셈이다. 9월 27일 오전 8시 20분에 인천을 출발, 오전 중에 서안에 도착했지만, 예약해 놓은 호텔에 짐을 놓고 섬서성陝西省 역사박물관으로 향한 것은 1시가 훨씬 지나서였다. 대낮인데도 택시 잡기가 너무 힘들어 1인당 약 185원 상당의 1위안을 주고 일반 버스를 타고 갔다. 사서 하는 고생이 시작된 셈이다. 이번에 본 네 도시는 모두 박물관을 가지고 있는데 섬서성 역사박물관은 중국 4대 박물관 중의 하나로 훌륭한 소장품을 많이 가지고 있었다. 중국의 4대 박물관은 북경의 국가박물관, 상해 박물관, 남경 박물관, 그리고 서안의 섬서성 역사박물관으로 알려져 있다.

중국에 올 때마다 느끼는 것이지만 옛 궁궐과, 공원들, 박물관은 꼼꼼하게

당나라의 궁궐과 풍경을 재현해 놓은 대당부용원

보기에는 그 스케일이 너무 커서 지레 피로감을 많이 느끼게 된다. 거기에다 어디를 가나 다양한 종류와 크기의 많은 불상과 장신구들, 또 각종 식기와 용기들을 포함한 많은 유물들은 지루함마저 주는 것이 사실이다. 그런데 서안의 박물관과 진시황 병마갱용은 세계 각지로부터 수많은 관광객을 끌 만큼 독특성이 있었다. 박물관 관람을 마친 후 대당부용원大唐芙蓉園 근처에서 저녁식사를 하였다. 자유여행을 할 경우 가장 중요한 세 가지가 숙소, 교통 문제, 그리고 음식이다. 다행이 떠나기 전에 한국인들의 입맛에 맞는 중국 요리에 관한 정보를 얻을 수 있어서 저녁을 맛있게 먹을 수 있었다.

대당부용원은 당唐나라의 궁궐과 풍경 등을 재현해 놓은 테마파크 개념의 공원으로 각가지 색깔의 네온사인으로 무척 화려하게 보였다. 밤 9시 반까지 개장하기 때문에 대강 둘러보고 인근에 있다고 하는 대안탑大雁塔에 가기 위해 버스에 올랐다. 중국 사람들에게 길을 묻거나 어떤 목적지를 물으면 '멀지 않다'거나 '가깝다'고 말하는 경우가 있는데 실제 가 보면 상당히 멀어서 당황하는 경우가 많다. 거리감에 대해 우리와 다를 뿐만 아니라 버스 정거장간의 길이도 우리 정거장 구간 길이의 두 배가 넘는 경우가 많았다. 땅이 넓기도 하고, 많이들 걸어 다니기 때문인지도 모른다. 대안탑은 높이가

64미터인 7층탑으로 현장법사가 인도에서 가져온 경서 보관을 위해 652년에 세워졌다고 한다. 밤 10시가 넘었는데도 대안탑 앞 양쪽에서 클래식 음악에 맞춰 여러 가지 모양으로 뿜어져 나오는 분수 쇼를 보기 위해 많은 사람들이 운집해 있었다. 밤하늘로 춤추듯 올라가는 물줄기를 약 30분 정도 관람한 후 피곤한 몸을 이끌고 호텔에 돌아왔을 때는 밤 11시가 넘어서였다.

다음 날 아침 일찍 서안의 상징인 병마용兵馬俑으로 가기 위해 택시를 타고 시외버스 정거장으로 향하였다. 진시황병마용秦始皇兵馬俑은 시내에서 30km 정도 떨어진 곳에 있었다. 병마용 거의 가까이에 온천욕으로 유명한 화청지華淸池가 있는데 이곳은 당唐의 현종과 양귀비가 자주 애용했다고 한다. 길가에 있고 왕실의 별궁도 있어 관광객들이 제법 많았다. 병마용은 시황제始皇帝릉을 지키기 위해 황제의 생전에 만들어진 8천여 개의 거대한 지하군단으로 1974년 한 농부에 의해 발견되었다. 병마용은 거의 실물 크기의 모습을 띄고 있는 병사, 말, 전차들을 포함하고 있는데 모든 병사들의 표정이 제 각각이

서안에 있는 진시황 병마용. 병사들의 모습은 실물크기와 거의 같다

어서 더욱 관광객들의 흥미를 돋우는 것 같았다. 수개의 병마용 전시장 안팎에는 인종전시장을 방불케 할 만큼 세계 각국에서 온 관광객들, 특히 유럽, 미국, 호주 등에서 온 백인들로 붐비고 있었고 단체 여행객을 이끌면서 설명하고 있는 안내원들의 언어도 다양하였다.

　세계적 문화유적을 가진 서안은 이렇게 많은 관광객 때문인지 나중에 가본 다른 세 도시보다 조금 더 발전되고 국제화된 인상을 받았다. 그러나 이런 수준도 세 도시보다 상대적으로 조금 낮다는 것이지 북경이나 상해와는 비할 바가 못 되었다. 구태여 우리와 비교한다면 한국의 90년대 초반의 수준이랄까? 버스는 낡았고, 거리의 교통은 무질서했다. 그래도 외국 관광객이 많아서 그런지 도시의 모습은 현대적이었으며, 사람들에게 길을 물으면, 특히 젊은이들은 자기의 가던 길을 멈추고 되돌아가면서까지 길을 안내해 주었다. 그런데 병마용에서 구경을 마치고 돌아오는 시외버스 꼭대기 유리창에 붙어 있던 '日本人和狗不得上車일본인과 개는 안 태운다'라는 조그만 표어는 서안에 대한 이런 좋은 나의 인상에 찬물을 끼얹은 꼴이 되었다. 아무리 댜오위다오釣魚島, 일본명 센가쿠를 두고 양국이 갈등 관계에 있어도 일반 관광객에

서안 성벽 위. 오른쪽은 성 밖이라 고층 빌딩이 즐비하게 서 있다

대해 이런 차별을 할 수 있을까? 예전에 버스 승차를 두고 미국의 백인들이 흑인들을 차별했던 것을 연상시키는 이 표어는 이후 네 도시 어느 곳에서도 볼 수 없어 다행으로 생각했다.

중국 건축 스케일의 장대함은 병마용을 보고 난 후 시내로 돌아와 서안 성벽을 보고 더욱 실감할 수 있었다. 서안 성벽은 서안을 외족의 침입으로부터 방어하기 위해 도시의 일부를 직사각형으로 둘러싼 성의 모습을 띠고 있었다. 서울로 치자면 사대문 안의 한양을 보호하기 위해 주위를 성으로 둘러싼 셈이다. 그런데 성 위 보도의 폭과 길이가 대형 버스 두 대가 지나갈 정도로 넓은 데다가 그 길이도 만만치 않아 도저히 걸어서 볼 엄두가 나지 않아 표를 끊어 전동차를 타고 둘러보았다. 남아공에서 온 부부도 놀랍다는 감탄사를 연발하였다. 젊은이들은 자전거를 빌려 타서 돌아다니고 있었고, 그 넓은 공간에 자동차가 없으니까 조깅을 하는 외국인들도 여러 명이 보였다. 예전에 서안은 장안長安이라고도 불렸다. 어떤 이야기가 흥미로우면 '장안에 화제가 되었다'고 하는데, 고대 도시로서의 서안은 흥미로운 곳이 많았다.

그리고 곰곰이 관찰해보니 성벽을 가운데 두고 안과 밖에 공간적 차별화가 있었다. 성벽 안은 가급적 전통 가옥이나 건물을 유지하려 했고, 고층 빌딩이나 아파트들은 성벽 밖에 짓는 정책의 노력을 읽을 수 있었다. 성벽의 남문에서 출발하여 동문을 거쳐 북문에서 성벽을 내려오니 종루鐘樓가 더 가까이 보였다. 종루는 서안의 중심부에 있는 3층 건물로 이 건물을 축으로 동서남북으로 대로가 나있고 각 길의 끝은 성벽의 동문, 서문, 남문, 북문으로 연결되어 있다. 종루 부근에는 또 고루故樓라는 곳이 있어 음식점과 백화점들이 있어 번화하고 뒤편의 골목으로 들어가면 먹거리와 특산품을 파는 시장과 이슬람 야시장도 있는데 내일 아침 두 번째 목적지인 낙양으로 떠나야 하기 때문에 대강 둘러보고 나왔다.

서안은 섬서성에 있고 낙양, 정주, 개봉은 하남성에 있다. 네 도시가 두 성에 걸쳐 있지만 수평으로 거의 일직선상에 있기 때문에 여행하기에 편했다.

낙양으로 가는 기차표는 이미 한국에서 예약해 놓았기 때문에 서안 기차역
으로 가는 일만 남았다. 그런데 우리가 묵고 있던 곳에서 그곳에 도달하려면
호텔 부근에서 전철을 타고 종점에서 내리면 되기 때문에 전철을 이용하려
고 했다. 북경이나 상해를 여행할 때는 몇 번 지하철을 타 보았지만 그 외 도
시에서는 이곳에서 처음으로 시도해보는 것이었다. 아침 6시 30분에 지하철
을 타기 위해 역 출구에 도착했지만 문은 굳게 닫혀 있었다. 지나가는 행인
에게 물으니 아침 7시에나 출구를 연다는 것이다. 7시에 역무원이 나와 출구
를 열 때까지 승객은 우리 가족뿐이었다. 버스들은 대부분 만원이었는데 지
하철을 많이 이용하지 않는 까닭은 다른 교통수단과의 연계가 원활하게 이
루어지지 않은 탓일지도 모른다. 또 도시의 면적이 넓을수록 지하철 건설이
어려워 지하철 대중교통이 발달하지 않았는지도 모른다.

　낙양洛陽 역시 아홉 왕조의 수도였기 때문에 구조고도九朝古都로 알려져 있
다. 낙양에는 돈황의 막고굴, 대동의 운강석굴과 함께 중국 3대 석굴의 하나
인 용문석굴龙门石窟이 있는데 외국 관광객들이 많이 찾는 곳이다. 그래서 그

중국 3대 석굴 중의 하나인 낙양의 용문석굴. 이런 석굴들이 이하 강변에 산재해 있다

벌집처럼 보이는 수 많은 석굴들

런지 용문석굴에서 멀지 않은 곳에 현대식의 웅장하고 깨끗한 기차역이 있는데 신축된 지 얼마 되지 않은 것처럼 보였다. 우리는 서안에서 고속열차 2등석184위안을 타고 이곳에 도착했지만, 원래 용문석굴은 낙양에서 남쪽으로 14km 떨어진 곳에 있다. 2000년 유네스코에 의해 세계문화 유산으로 지정된 용문석굴은 이하伊河라는 강을 사이에 두고 양쪽에 용문산龍門山과 향산香山의 암벽에 새겨진 1,352개의 석굴과 10만여 개의 불상, 그리고 40개의 불탑을 포함하고 있는데 이 유적들은 거의 1km에 걸쳐 축조되어 있다. 또 강 건너편 향산 쪽에도 1.5km나 유적이 산재해 있다. 특히 용문산 석굴에서 내려와 강 둔덕에서 석굴을 보면 마치 벌집 모양을 보는 듯하였다.

용문석굴은 494년경 북위北魏 때부터 시작해서 당唐과 북송北宋에 이르기까지 400년에 걸쳐 만들어졌다고 하는데, 석질이 단단하고 암벽에 직접 조각

관림당의 관우 초상화. 검은 얼굴의 부하가 청룡언월도를 들고 있다

한 것이 특징이며, 불상들의 표정도 다양하고 풍부해서 그 예술성도 높이 평
가받고 있다. 그런데 석굴의 주요 부분은 불교미술의 전성기인 5세기 말에
서 7세기 후반에 만들어졌다고 한다. 용문석굴 정문으로 들어가서 오른편
용문산 암벽의 불상들을 관람하다 봉선사를 지나면 강 건너편으로 넘어가
는 다리를 만나게 된다. 그 다리를 넘어서 유턴 모양으로 다시 내려오면 향
산과 아담한 사찰로 보이는 향산사香山寺를 보게 된다. 또 용문산 쪽에는 서
산西山, 향산 쪽에는 동산東山이 있는데 이곳에서 18년 동안 은거하면서 많은
시를 남긴 중국 3대 시인의 한 사람인 백거이白居易, 子는 樂天의 묘가 있는 백원
白園을 볼 수 있다. 그는 시와 술로 만년을 보내면서 하층 빈민의 입장에서 세
상에 대한 불공평을 개탄하는 내용의 시를 많이 남겼다.

　　낙양에서 첫날에 또 봐야 할 곳은 촉한蜀漢의 명장인 관우關羽를 모시고 있
는 관림당關林堂이다. 관우는 번성에서 오나라 장군 여몽에게 패하여 살해된

후 이곳에서 제사를 지냈다고 한다. 관림당은 중국의 곳곳에 있다고 하나 이곳에 제일 먼저 생겼다고 한다. 마침 이곳을 방문한 중국 학생들에게 여러 명장 중에서 왜 관우만 이렇게 사당에 모시는지 그 이유를 알고 싶다고 했더니 한 학생이 충성심과 의리 때문이라고 하는데 맞는 답인지는 잘 모르겠다. 하기는 관림당에 있는 관우의 초상화에는 황제의 관과 옷을 입힌 대형 초상화도 있었는데 그것은 후세 중국인들이 생각하기에 관우는 사후 하늘에 올라가서도 인간사를 관리하는 황제가 되었을 것이라고 상상하고, 공경하는 데서 비롯되었다고 한다. 관우의 얼굴은 붉었다고 해서 초상화의 얼굴도 뻘겠는데 그의 얼굴색과 그의 칼인 청룡언월도가 특히 눈길을 끌었다. 관우의 사당을 나오면서 내 머릿속에는 현대 중국의 정치가인 주은래周恩來의 얼굴이 스쳐 지나갔는데 예나 이제나 이들이 위대한 인물임에는 틀림없다고 생각했다. 생전에 마오쩌둥毛澤東도 "주은래는 사리사욕이 전혀 없고, 고상하고 순수하며, 도덕적인 사람이고, 또 인민해방을 위해 자신을 완전히 헌신한 사람"이라고 평했다.

　관림당 바로 앞에 버스 종점이 있고 우리 호텔은 또 다른 종점인 낙양 기차역 부근이기 때문에 끝에서 끝으로 가면서 호텔을 찾는 데 큰 어려움은 없었다. 그러니까 용문석굴 근처의 새로 생긴 기차역과 다르게 우리가 가는 기차역은 낙양의 구기차역인 셈이다. 배낭여행은 기차역을 중심으로 숙소를 정하면 여러 가지로 편하다. 기차역은 종점인 경우가 많고 부근에 대개 시외버스 종점도 있기 때문이다. 그런데 관림당에서 기차역으로 오는 만원 버스 내에서 한 20대 여성이 소매치기를 당한 사건이 발생했다. 그 여성이 울면서 열려진 핸드백을 버스기사에게 보이자 기사는 어디에다 전화를 걸고, 버스는 20여 분간 멈추었다. 중국인들 간의 보통 대화도 시끄러운데 고성이 오고 갔으며 버스 속은 그야말로 시끄럽기 짝이 없었다. 한 여성은 뒤에 있다가 앞에까지 와서 왜 차를 멈추느냐고 버스기사에게 항의하고 있었고, 또 다른 여성 승객은 피해 여성에게 차를 타기 전에 당한 것이 아니냐고 윽박지르는 것 같았다. 결국 피해자가 울면서 포기하는 듯하자 버스는 다시 움직이기 시작했다. 버스 내에서의 소매치기 사건, 참으로 오랜만에 들어보는 일이다. 그것도 다른 나라에서 겪다 보니 신기한 생각도 들었다.

이튿날 낙양에서 동쪽으로 12km 떨어져 있는 백마사白馬寺를 보기 위해 아침 일찍 호텔을 나섰다. 그런데 이번 여행에서 자주 보게 된 현상이지만 기차를 탈 때는 승객들이 길게 줄을 서는 것이 보통이었으나 버스의 경우는 언제나 밀고 밀리는 상황에서 차에 올라타곤 했다. 교통의 발달에 비해 교통의식은 그에 못 미쳐, 도처에서 문화 지체 현상을 볼 수 있었다. 버스 속에서 각각 아이들 둘을 데리고 나들이에 나선 두 부부 사이에 또 말다툼이 벌어졌다. 하루 평균 두 건꼴로 말다툼을 볼 수 있었는데 그나마 주먹다짐을 볼 수 없었던 것이 다행이었다. 하기는 우리도 50년대, 60년대의 서울 거리에서도 사람들이 서로 싸우는 광경을 많이 보지 않았던가? 우리의 과거 모습을 보는 듯했다. 특히 낙양과 정주에서는 교통이 편리한 관계로 기차역 앞의 호텔에 숙소를 정했기 때문에 농촌에서 올라온 것 같은 차림새의 사람들을 많이 볼 수 있었다. 바쁘게 오고 가는 사람들, 늘어선 택시들, 삼삼오오 웅기중기 모여 있는 사람들의 모습은 80년대 서울역 앞의 광경과 비슷하다고 생각했다.

서기 68년에 세워진 백마사는 중국에 불교가 전래된 후 최초로 세워진 절이다. 절의 이름은 황제가 인도에 파견한 대신 일행이 스님들과 함께 백마에 경전을 싣고 돌아온 것에서 유래되었다고 한다. 절 입구 양쪽에는 두 마리의 백마상이 있고, 입구로 들어서면 왕주전이 있고 그 뒤로 대불전, 대웅전 등의 건축물이 있다. 또 절의 왼쪽에는 13층 24m의 제운탑齊雲塔이 우뚝 서 있다. 백마사로 인해 불교는 중국에서 처음으로 인정받았다고 할 수 있다. 백마사를 둘러본 후 택시를 타고 새로 건축한 듯한 낙양의 신박물관에 도착한 때는 거의 오후 2시가 되어서였다. 낙양 박물관 역시 새로 지은 건물에 소장품들이 많았으나 섬서성 역사 박물관에는 미치지 못하는 것 같았다. 예를 들면 당삼채唐三彩를 보여주는 진열품도 섬서성 역사 박물관의 소장품에 비하면 질이나 양에서 훨씬 못하였다. 돌아오는 길에 노성老城이라는 곳에 있는 한 음식점에서 저녁을 먹고 호텔로 돌아왔다.

 드디어 세 번째 도시, 정주로 가는 날이 밝았다. 우리의 여정은 인터넷으로 예약한 정주의 호텔에 짐을 풀면 첫째 날은 박물관, 둘째 날은 소림사와 숭산, 셋째 날은 마지막 도시인 개봉을 보고 다시 정주로 돌아와서 그 다음날 오전 인천공항으로 떠나는 것으로 짜여졌다. 낙양 기차역은 호텔 앞에 있었고, 목적지인 정주의 호텔은 바로 정주 기차역 근처에 있으니 걱정할 필요가 전혀 없었다. 앞에서도 지적했지만 배낭여행에서는 숙소, 교통, 음식 문제가 중요하지만 한 지역에서 다른 지역으로 이동하는 교통문제 해결이 가장 어려운 문제 같았다. 정주는 하남성河南省의 성도로 교통의 요충지이다. 정주는 동서를 가로지르는 용해선龍海線. 우루무치—상해과 남북을 연결하는 경광선京廣線. 북경—광주이 교차하는 도시이다. 일곱 왕조의 수도로 번영을 누렸던 정주도 낙양, 개봉과 함께 황하문명 발상지 중의 한 도시이다. 인구도 이번에 여행한 네 도시 중 가장 많다. 그러나 공업도시로 변모한 지금 볼만한 곳은 별로 많지 않다. 왜냐하면 황하의 하류가 시작하는 지점에 위치한 정주는 홍수의 피해를 입었기 때문이다. 삼문협三門峽 댐도 황하의 홍수를 달래기 위한 것이었다.
 정주에 도착하자마자 하남성 박물관으로 가려고 호텔 직원에게 박물관까지 택시로 가면 대강 택시비가 얼마나 드느냐고 물었더니 20위안약 3,700원이면 갈 수 있다고 했다. 그런데 택시 기사들은 명절이라 차가 밀리기 때문에 100위안약 18,500원 아니면 안 간다고 했다. 바가지요금을 부르는 것은 어디나 마찬가지인가 보다. 그래서 1인당 1위안약 185원씩 주고 버스를 타고 갔다. 정주의 하남성 박물관은 낙양 박물관보다 규모가 좀 더 큰 듯한 인상을 받았

소림사 입구. 뒤에 멀리 숭산이 보인다

다. 중국 여러 도시의 박물관을 볼 때마다 우리의 국립중앙박물관을 생각하
게 되는 까닭은 어떻게 한 도시의 박물관 규모가 이렇게 클 수 있을까 하고
매번 감탄하기 때문이다. 이렇게 훌륭한 박물관은 교육과 문화 면에서 도시
의 삶의 질을 한층 높여줄 뿐만 아니라 어린 학생들에게는 중국인으로서의
자긍심을 심어줄 것이 분명하다.

　다음 날 소림사로의 여행은 호텔 앞 광장 건너편 시외버스를 타면서 시작
되었다. 소림사少林寺는 낙양과 정주 사이에 있는데 오히려 낙양 가까이에 있
었지만 우리는 정주에서 갔다 오기로 했다. 소림사는 무협지의 가상 무대로
많이 알려져 있지만 우리의 진짜 목적은 숭산嵩山을 올라가 보는 데 있다. 소
림사는 숭산의 산자락에 있다. 정주에서 두 시간 남짓 걸려 소림사에 도착
하니 절 주위는 인산인해를 이루고 있었고 노란 옷을 입은 어린 스님들이 무
술 시범을 보이고 있었다. 중국 대학생처럼 보이는 젊은이들에게 이곳의 무

술 수련생들이 얼마쯤 되느냐고 물으니 약 6만 명이라고 했고, 청소를 하는
아줌마한테 물으니 5만 명 내지 6만 명이라고 했다. 이 무술학교는 1989년에
생겼다고 하는데 물론 고도의 무술을 갖춘 소림사의 고승들은 그전에도 있
었겠지만 수련생들의 이 숫자는 이제까지 이곳에서 무술을 닦은 수로 이해
했다. 멀리 운동장에는 몇 그룹으로 나누어 무술 동작을 익히고 있었고, 수
련생들이 몇십 명씩 대열을 이루어 운동장으로 뛰어가는 광경도 보였다.

　소림사의 주위에는 스님을 높여 부르는 선사들의 유골이 보존된 석탑이
숲의 나무처럼 총총히 서 있는 탑림塔林도 보였다. 소림사 내에는 소림사 약
국도 있었다. 그곳의 판매품 중에는 고약을 이용한 파스 같은 약품들도 있었
는데 아마도 무술을 단련할 때 생기는 부상 때문에 개발됐을지도 모른다고
생각했다. 숭산은 태실산과 소실산, 두 산을 아울러 이르며 태실산의 주봉
은 해발 1,440m이고, 소실산의 주봉은 1,405m이다. 그중 소실산에 케이블

승산의 절벽을 가로질러 만든 등산로가 뒤에 보인다

카로 올라가기로 되어 있는데 시간이 갈수록 많은 사람들이 밀려오고 있었다. 숭산은 단층의 결과로 만들어진 산이다. 대지진이 일어나서 지층이 터지고 갈라져서 일부분은 솟아나고, 일부분은 가라앉는 대지각변동이 단층인데 천길만길의 낭떠러지와 계곡도 장관이지만 가파른 암벽 중간을 가로질러 만든 등산로 역시 볼만했다. 이 등산로가 언제 만들어졌느냐고 산을 관리하는 한 직원에게 물으니 1988년이라고 한다. 우리가 '88 올림픽을 유치했을 때 중국도 내지개발에 열을 올렸던 것 같았다. 우리가 일본의 발전 모델을 일부 따랐고, 덩샤오핑 이래 중국의 지도층은 한국의 발전 모델을 그대로 답습하면서 중국을 발전시켜 왔다는 것은 잘 알려진 사실이다. 한·중·일 삼국이 세계 경제의 부침에 따라 끌려다니기보다는 끌고 가는 날이 하루빨리 오기를 기대해 본다.

숭산과 소림사로부터 정주로 돌아왔을 때에는 밤 8시가 넘어서였다. 다음 날 똑같은 방식으로 시외버스를 타고 네 번째 도시인 개봉에 갔다 와야 하기 때문에 우리는 일찍 잠자리에 들었다. 개봉은 정주에서 동쪽으로 1시간 30분 정도 걸리는 곳에 위치해 있다. 서안, 낙양, 정주, 개봉은 모두 황하 유역에 걸쳐 있으면서 수로와 육로가 모두 발전되었기 때문에 고대에는 중심지로 각광을 받았다.

그러나 황하의 홍수에 휩쓸려 현재는 교통의 요충지임에도 불구하고 정주에는 볼 것이 많이 남아 있지 않았고 개봉 역시 피해가 많았다. 특히 개봉은 전국시대의 위魏로부터 북송北宋과 금金 등 7개 왕조의 도읍이었다. 한때 중국 제일의 도시로 번영을 누리던 개봉은 척 보기에도 많이 낙후되어 있었다. 개봉에 높은 건물들이 없는 것은 땅 아래에 묻혀 있는 수많은 유적들을 훼손할 수가 있어 땅을 깊게 파야 하는 고층빌딩의 건축을 금지하고 있기 때문이다.

개봉의 시외 버스장에서 일반버스로 갈아타고 제일 먼저 도착한 곳이 철탑공원鐵塔公園이다. 1049년 북송 때 세워진 높이 55m의 13층탑은 멀리서 보면 녹슨 쇠로 만든 것처럼 보여서 철탑이라고 부른다. 탑 속에는 계단이 있어 오를 수 있도록 만들었고, 꼭대기에서 개봉시를 바라볼 수 있다고 했는데 시간이 없어 발길을 돌렸다. 우리가 철탑에서 청명상하원淸明上河園으로 와보니 그야말로 공휴일에 이곳을 찾아온 사람들로 주위는 인산인해를 이루었다. 청명상하원은 송 대의 생활상을 비교적 자세하게 그려놓은 청명상하도 淸明上河圖를 그대로 복원해 놓은 공원이다. 청명상하도는 호수를 가로지르는 교량, 호수를 오르내리는 배들이며 기와지붕을 한 촘촘히 들어선 점포에서 상거래를 하는 사람들의 모습과 심지어는 수레를 수리하는 곳과 관상을 보

청명상하원의 다리 위에 많은 사람들이 모여 주위의 경치를 구경하고 있다

는 곳도 그려져 있는 세로 24.8cm, 가로 528cm나 되는 큰 그림인데 이것이 그대로 공원에 복원되어 있었다. 한마디로 송 대의 풍족한 경제생활을 보는 듯했다.

　대로를 사이에 두고 청명상하원 바로 맞은편에는 중국한원中國翰園이라는 또 다른 공원이 있었는데 언덕을 올라가 바위 위에 서니 광활한 호수 위에 떠다니는 배며, 주위에 산재해 있는 기암괴석 등 경치가 볼만하였다. 청명상하원과 중국한원에서 쏟아져 나오는 사람들 때문에 택시도 버스도 탈

수 없어서 결국 삼륜차를 타고 북송의 옛 시가지를 복원한 송도어가宋都御街
까지 왔다. 시간은 자꾸 흘러 정주로 돌아갈 시간이 되었다. 개봉을 떠나면
서 아쉬웠던 것은 북송의 명판관으로 텔레비전 드라마 포청천包靑天으로 유
명한 포증包拯, 999~1062의 자취를 볼 수 있는 개봉부開封府와 개봉의 최대 고
찰인 상국사相國寺를 못 보고 떠난다는 점이었다. 여행사와 가이드의 도움 없
이 이곳저곳 찾아다니는 배낭여행의 한계는 피할 수 없었다. 정주에 돌아와
중국에서의 마지막 밤을 보내면서 이것저것 생각해 보았다. 중국여행은 이
번이 여섯 번째이지만 이번만큼 많은 중국인들 틈에 끼인 적도 없었고, 특히
서민들과 이렇게 많이 대화를 나눈 적이 없었다. 그들은 내 간단한 말은 그
런대로 알아듣는 것 같았는데 내가 못 알아듣는 경우가 많았고 그런 때에는
머릿속으로 중국어를 만들어서 써 보이는 필담으로 의사소통을 했다. 북경
과 상해와는 달리 영어는 소수의 젊은이들만 할 줄 아는 것 같아 영어로 대
화를 나누기에는 아무래도 어려웠다.
  정말 중국으로 떠나기 전에는 해안가에 있는 중국의 도시들보다 우리가
내륙이라고 부르는 내지內地의 도시들이 어느 정도 발전해 있는지 궁금했고,
그들의 삶의 질을 대강이나마 파악해보고 싶었다. 심지어는 상당히 낙후되
어 있지 않을까 추측해 보기도 하고, 또 은근히 '그럼 그렇지.'라고 기대도
해 보았다. 말하자면 급속한 산업화에서 피할 수 없는 불균형 발전을 찾고
싶었다. 그런데 내지의 도시들도 내가 생각한 것보다는 많이 발전되어 있었
고 표면적으로는 아직도 사회주의를 표방하고 있지만 자본주의 사회의 도
시와 별다른 차이가 없어 보였다. 고층 빌딩, 아파트, 기차역, 박물관, 공원
등 도시의 물적 토대도 새로운 모습을 갖추어 가는 것 같았고, 서민들의 소
비생활도 활발한 인상을 받았다. 그러나 중국은 빈부 격차가 점점 증대하고
있고, 농촌에서 태어나 도시로 들어와 하급 노동자가 된 2억 명에 가까운 농
민공의 빈곤도 갈수록 심각해지고 있다. 나는 앞으로 중국 역시 산업화의 후
유증을 피해갈 수가 없다고 본다. 근대 국가 중 산업화와 민주화의 고통 없

개봉의 중국 한원에서 본 경치. 국경일이라 한원은 많은 사람들로 붐볐다

이 발전을 이룩한 나라가 없다. 그러므로 중국은 지금 변화하고 있다고 말하는 것이 아마도 적절한 표현일지도 모른다.

　한 도시의 삶의 질을 측정할 때 우리는 보통 ①건강한 생활, ②안전한 생활, ③교육과 복지생활, ④경제생활, ⑤편리한 생활, 그리고 ⑥문화와 여가 생활 측면에서 평가한다. 물론 이에 대한 중국자료도 구할 수 없을 뿐만 아니라 우리의 기준으로 중국 도시들의 삶의 질을 평가할 수도 없다. 더구나 이 네 도시는 공통적인 고대도시의 특성을 공유하고 있기 때문에 더욱 그렇다. 순전히 개인적인 인상에 근거해서 네 도시에 대한 선호도를 밝혀보면 서안, 정주, 낙양, 개봉의 순서라고나 할까. 송 대의 영화에도 불구하고 확실히 개봉은 낙후되어 있었고, 실크로드의 출발지인 서안은 번화하고 심지어는 풍요로움마저 느꼈을 정도다. 물론 내게는 이 도시들과 사람들의 모습이 1990년대 초 우리나라 지방의 대도시 수준으로 보였지만 이것 역시 잘못된 평가인지도 모른다. 주로 버스를 타고 서민들만 봤을 뿐이지, 아파트에 살면서 차를 모는 풍족한 중국인들의 생활은 모르기 때문이다. 대체로 이 도시들의 인구가 450만에서 800만 사이에 있고, 100만, 200만 되는 도시들도 무수히 많을 것이다. 해안 지역의 거대도시들, 그리고 수만 내지 수십만의 농촌 지역까지 포함시키면 중국의 지역발전이 어느 정도인지 큰 그림이 그려지는 듯하다. 대체로 중국은 도시에서 농촌으로, 해안 지역에서 내지 쪽으로 갈수록 불균형 발전이 심하다고 추측해 볼 수 있다.

이 도시들에 살고 있는 사람들의 심성은 어떤가? 더욱 파악하기 어렵고, 알 수 없는 문제이다. 그러나 한국인에 대한 사람들의 반응이 너무 호의적인 데 대해서는 놀라지 않을 수 없었다. 서안에서 언제나 친절하게 길을 알려주던 젊은 남녀들, 한두 번도 아니고 세 명이나 가던 길을 멈추고 목적지까지 데려다 주는 등 한결같은 태도를 보여 속으로 놀라움을 금치 못했다. 명절이라고 버스에서 전병을 선물해 준 여성도 있었고, 자리를 계속 양보하려는 여학생, 숭산에서 아이에게 라면을 먹이면서 우리 보고 '환잉歡迎! 환잉歡迎!' 하면서 반가움을 표시하던 아주머니도 있었다. 낙양의 택시 기사들과 택시비를 두고 흥정할 때 한동안 서로 웃고 즐거워했던 순간도 있었다. 길을 물을 때 더듬거리는 나의 중국어 회화 능력 때문에 내가 한국인이라는 것을 밝히지 않을 수 없었고, 그럴 때마다 사람들은 대부분 친절하게 대해주었고, 소통이 잘 안 돼 내 주위에 사오 명이 모이면 건장한 사람이 나타나 문제를 해결해 주곤 하던 일이 두어 번 있었다. 나는 그 사람들이 사복을 입은 공안원이 아닐까 추측해 보기도 했다. 대체로 중국 사람들은 불친절하다고 하는데 내가 만난 사람들은 하나같이 친절했으니 여행을 끝내가면서 다행으로 생각했다.

이러한 인상은 일본에 대한 혐오 때문에 상대적으로 한국과 한국인에 대한 호의적인 반응으로 표출되었는지도 모르지만 나는 그게 전부는 아니라고 본다. 한국이 빨리 발전한 나라라는 점, 자연과 환경 등 모든 것이 중국만큼 스케일이 크지 않지만, 이것저것 볼 것이 많아 한번 가 보고 싶은 나라로 보일지도 모른다. 버스에서 아내와 딸에게 말하는 것을 보고 내가 한국이라

개봉시에 있는 철탑

지구촌 문화의 빛과 그림자_중국

는 것을 안 어떤 노인이 '나는 대만과 한국은 좋아하는데 일본은 싫다'고 묻지도 않은 말을 큰소리로 말해 민망했던 일도 있었다. 사실 중국으로 떠나기 전에는 일본인으로 오해받지 않을까 은근히 걱정을 했다. 때로는 중국인도 일본인으로 오해받는 일도 있다고 해서 더욱 그런 생각이 들었다. 심지어 일본 차를 타는 중국인이 '차는 일본 차지만 마음은 중국 마음車是日本车, 心是中國心'이라고 써 붙이고 다닌다고 해서 반일 감정의 강도가 강렬한 데 대한 우려를 가지고 있었다. 한·중·일 세 나라의 정부와 각국 국민들의 서로에 대한 감정은 내가 귀국 비행기에 오르면서 펼쳐 든 신문을 보고 더욱 복잡하다고 느껴졌다. 치마저고리와 기모노를 입은 한국과 일본 여성들이 손에 손을 잡고, 강강술래를 하면서 양국 간에 있는 온갖 갈등에도 불구하고 우리는 사이 좋게 지내자는 사진을 보고서다.

한·중 간의 관계도 마찬가지다. 국부의 축적과 함께 점점 오만해져 가는 중국, 서해안으로 몰려오는 중국어선들, 동북공정 등 괘씸한 일들도 많지만 제주도, 서울 명동, 강원도 양양 비행장으로 몰려오는 중국인들을 소홀이 대해서는 안 된다는 생각이 들었다. 나는 요우커遊客라고 불리는 중국 관광객들이 계속 한국을 찾을 것이라고 생각한다. 무슨 이유 때문에 이런 낙관적인 생각을 가지게 되는 것일까? 뉴질랜드 사람들은 서울을 처음 보고 사람들이 너무 많다고 짜증을 낼지 모른다. 그러나 홍콩에 사는 사람들은 서울이 그렇게 사람들로 붐비는 도시라고 생각하지 않을 것이다. 왜냐하면 홍콩 역시 작은 면적에 많은 사람들이 분주하게 오고 가는 도시이기 때문이다. 반면에 중국인들은 제주도나 강원도는 말할 것도 없고, 심지어는 서울도 그렇게 복잡한 도시로 생각하지 않을지도 모른다. 더구나 자기들보다 잘사는 데다 거리와 비용 면에서 한국만 한 관광지를 찾기가 쉽지 않기 때문이다.

위와 같은 몇 가지 이유 말고도 동북아의 한·중·일 세 나라는 어떻든 공생해야 한다는 불편한 진실을 받아들일 필요가 있다. 특히 세계경제가 부진한 가운데 아시아의 비중이 점점 커지는 추세에서 동북아가 글로벌 경제에 활력을 불어넣는 일이 공통의 목표라는 것을 인식할 필요가 있다. 그리고 하루 빨리 세 나라 국민들이 자유롭게 여행하는 날이 오기를 바라는 마음이 간절했다. 8일간의 배낭여행을 떠나기 전에 걱정했던 이런저런 일들, 네 도시에서의 여정, 여행에서 만났던 많은 중국인들, 특히 서민들, 중국어를 좀 더 열심히 해야겠다는 다짐 등, 이 생각 저 생각 하는 가운데 비행기는 어느새 인천공항에 도착했다.

2012. 11. 7

정저우 박물관 입구에 서 있는 조형물로 코끼리를 양 손으로 받치고 있는 모습.
자연을 상징하는 코끼리와 인간이 만남으로서 농경시대와 새로운 문명이 시작되었음을 표현하고 있다.

08

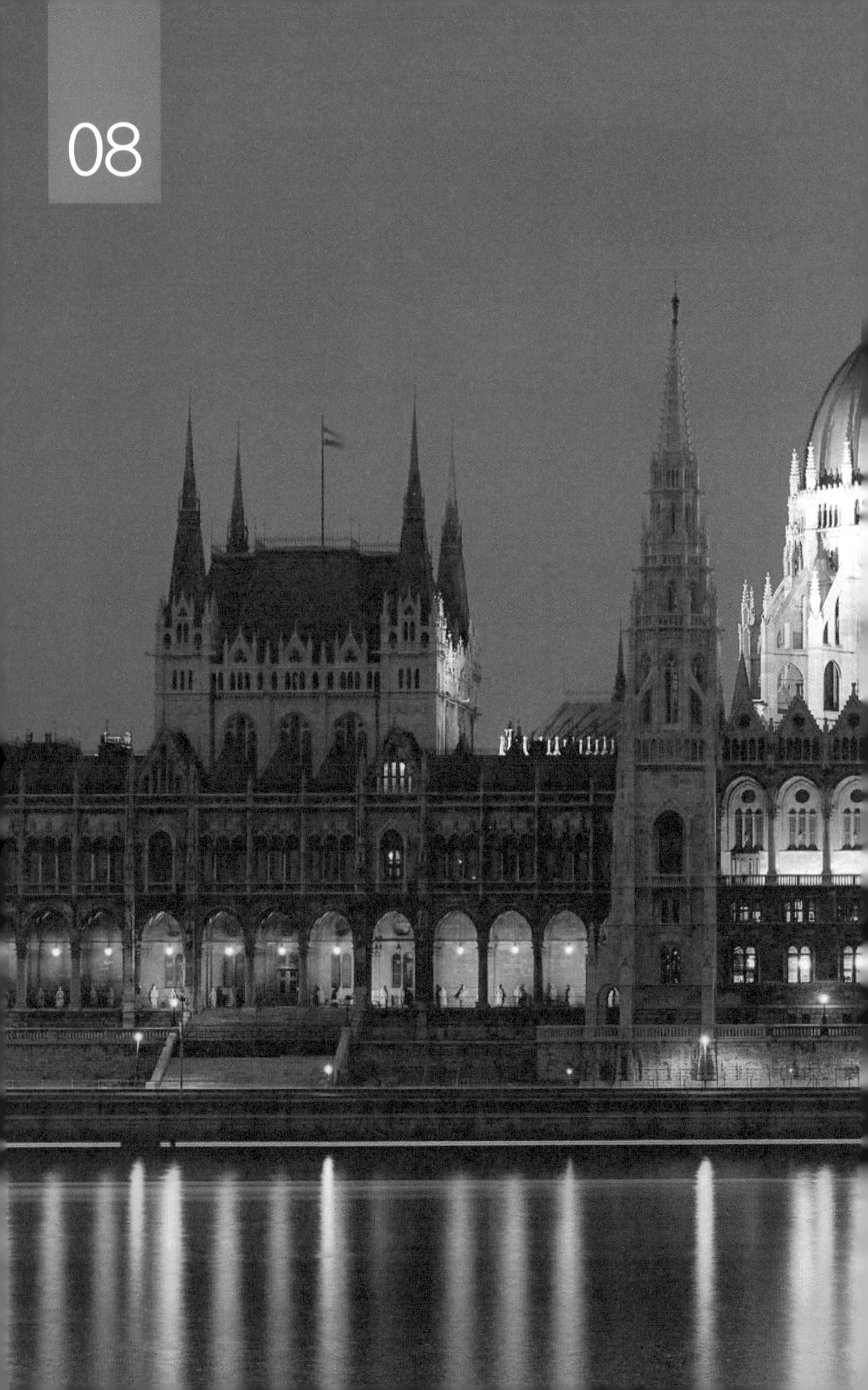

동유럽

독일
오스트리아
슬로베니아
크로아티아
헝가리
슬로바키아
폴란드
체코

Groningen
브레멘
Bremen
레이와르던
Leeuwarden
북해
암스테르담
Amsterdam
하노버
Hannover
뮌스테르
Münster
덴하그
Den Haag
네덜란드
브라운슈바이크
Braunschweig
마그데부르
Magdebur
빌레펠트
Bielefeld
로테르담
Rotterdam
브뤼주
Brugge
브뤼셀
Bruxelles
Brussel
뒤셀도르프
Düsseldorf
라이프치히
Leipzig
독일
에르푸르트
Erfurt
릴
Lille
리에주
Liège
쾰른
Köln
벨기에
프랑크푸르트
Frankfurt
am Main
켐니
Cher
비스바덴
Wiesbaden
생껑땅
Saint-Quentin
뤽상부르
뉘른베르크
Nürnberg
라임스
Reims
만하임
Mannheim
Saarbrücken
로텐부르크
Lottenburg
레겐스부르크
Regensburg
슈투트가르트
Stuttgart
메스
Metz
울름
Ulm
트루아
Troyes
프라이부르크
Freiburg im
Breisgau
뮌헨
München
살
Sa
디종
Dijon
브장송
Besançon
취리히
Zürich
콘스탄츠
Konstanz
인스브루크
Innsbruck
바젤
Basel
리히텐슈타인
스위스
Kla
제네바
Genève
르몽페랑
ont-Ferrand
리옹
Lyon
안시
Annecy
밀라노
Milano
베로나
Verona
베니스
Venezia
그르노블
Grenoble
튜린
Torino
브레시아
Brescia
Asti
제노아
Genova
파르마
Parma
볼로냐
Bologna
발랑스
Valence
라벤
Rave
님
Nîmes
플로렌스
Firenze
산마리노
마르세유
Marseille
몽펠리에
Montpellier
칸
Cannes
리보르노
Livorno
이탈리

폴란드
중동 경유 한국행
Bydgoszcz
Piła
Białystok
Łomża
Stargard Szczeciński
포즈나뉴
Poznań
바르샤바
Warszawa
지엘로나구라
Zielona Góra
칼리슈
Kalisz
우쯔
Łódź
비아와포들라스카
Biała Podlaska
브레스트
Брэст
라돔
Radom
루블린
Lublin
헤움
Chełm
브로츠와프
Wrocław
체스토호바
Częstochowa
키엘체
Kielce
리베레츠
Liberec
오폴레
Opole
아우슈비츠
Stalowa Wola
자모스크
Zamość
프라하
Praha
흐라데츠크랄로베
Hradec Králové
카토비세
Katowice
크라쿠프
Kraków
타르누프
Tarnów
제슈프
Rzeszów
체코 공화국
오스트라바
Ostrava
브르노
Brno
코시체
Košice
슬로바키아
Linz
브라티슬라바
Bratislava
비엔나
Wien
미슈콜츠
Miskolc
우즈호로드
Ужгород
사투마레
Satu Mare
죄르
Győr
부다페스트
Budapest
데브레센
Debrecen
바이아마레
Baia Mare
세케슈페헤르바르
Székesfehérvár
그랏츠
Graz
헝가리
오라데아
Oradea
클루지나포
Cluj-Napo
세게드
Szeged
아라드
Arad
페치
Pécs
데바
Deva
자그레브
Zagreb
슬로베니아
오시예크
Osijek
리예카
Rijeka
카르로바크
Karlovac
티미쇼아라
Timișoara
크로아티아
베오그라드
Београд
플리트비체 국립공원
보스니아 헤르체고비나
자다르
Zadar
크라이오
Craiov
트라브니크
Travnik
세르비아
스플리트
Split
사라예보
Sarajevo
니슈
Ниш
Mitrovicë
Косовска
Митровица
소피아

다시 시작하는 동구(東歐)여! 영원하라

30년 전, 1981년 8월, 유럽을 처음 본 후 이번이 네 번째 여행이었다. 독일과 오스트리아는 눈에 익은 모습이었지만 나머지 여섯 나라인 헝가리, 체코, 폴란드, 슬로바키아, 슬로베니아, 크로아티아는 처음이었다. 이들 중 헝가리, 체코, 폴란드는 동구권의 중심국들이라 마음이 설레기도 했다. 1956년 10월, 헝가리 젊은이들이 구소련 탱크에 돌을 던지면서 격렬하게 저항했던 기억도 떠올랐다. 그로부터 몇 달 후 나의 친척 중 한 분이 자그마한 키의 안경을 쓰고, 회색 양복을 입은 젊은이를 우리 집으로 데려왔는데 당시 그는 헝가리 의과대학에 유학 온 북한 학생이었는데 헝가리 의거가 일어나자 서방으로 탈출했다고 하였다.

또한 1968년 내가 잠시 신문기자로 있을 때 일어났던 체코슬로바키아의 개혁운동에 대한 기억도 생생하다. 냉전 시대에 이런 저항이 주변국으로 확산되어 동구권이 전부 무너질까 봐 전전긍긍하던 구소련은 '프라하의 봄'을 무자비하게 진압했지만 당시 이 운동을 이끌었던 공산당 제1서기, 두부체크의 눈물은 서방 자유세계 사람들의 가슴을 얼마나 설레게 했던가? 구소련의 힘이 강할 때 이 운동들은 모두 실패했지만 패권국의 힘이 약해지기 시작했던 80년대 초에 노동운동에 참여해서, 1989년 폴란드 일부의석을 얻기 위한 선거에서 연대자유노조가 압승하자, 그 여세를 몰아 1990년에 폴란드 초대 대통령에 선출된 바웬사의 성공은 예나 지금이나 권력의 속성이 다르지 않음을 여실히 보여준다. 이런 사실은 어쩌면 한반도의 미래를 가늠하는 데 참고가 되지 않을까 생각해 보기도 한다.

　그래서 나는 12일간의 이번 여행에서 변화된 동구권의 모습에 초점을 맞추기로 하였다. 1989년 말과 90년 초에 마침 영국에 있으면서 동구권의 붕괴를 생생하게 봤었다. 그러므로 20년이 지난 지금 그 나라들은 어떻게 변화했는가? 각 나라의 경제 상태는 어떠하며, 사람들은 체제변화의 이전과 이후에 대해 어떻게 생각하고 있는가? 혹시 통일 전이나 구체제 시절을 그리워하는 사람들은 없을까? 대부분의 나라들이 사회주의에서 자본주의 체제로 전환했는데 구체제의 잔재는 얼마나 남아 있으며 사람들의 생활습관은 20년이 지난 지금 얼마나 변화했을까? 이런 의문들을 제대로 파악하려면 변화에 관한 각종 객관적 지표와 사람들의 주관적 만족도까지 알아야 하지만 자료가 없는 상황에서는 이런 문제의식만이라도 가지고 동구권의 국가들을 보고, 느끼고, 이해하는 도리밖에 없었다. 그리고 무엇인가 얻는 것이 있다면 그것을 기초로 한반도의 미래를 조망해 볼 수 있을 것 같은 생각도 들었다.

　중동을 경유해서 기내에서 1박을 한 후, 8월 3일 오전 7시 독일 프랑크푸르트에 도착하자마자 조금 남쪽에 위치한 로텐부르크로 향하였다. 유럽 여행은 언제나 경비가 많이 들기 때문에 조금이라도 절약하려면 아부다비를 경유하는 지루한 비행기 여행을 감수하지 않을 수 없다. 독일은 올 때마다 느끼는 것이지만 언제나 깔끔하고 정돈된 모습을 보이는 나라이다. 도로 위를 끊임없이 오가는 화물트럭의 행렬은 세계 1, 2위를 다투는 수출 강국의 모습을 그대로 보여준다. 프랑크푸르트로부터 남동쪽으로 한 시간 반, '로만틱 가도로만티셰 슈트라세'와 고성으로의 길 교차로에 로텐부르크는 있었다. 2000년대에 접어들자 독일도 저출산 경향을 우려해서 우리나라의 보건복지부 장관이 텔레비전에 나와서 '마더 하세요.'라고 하는 것처럼 담당 각료가 광고를 통해 '로만틱 가도에서 낭만적인 밤을 가지라'고 호소했다는데 '로만틱 가도'는 '낭만'의 뜻보다는 '로마로 가는 길'의 의미가 더 큰 중세의 교역로였다.

중세의 보석이라 불리는 로텐부르크는 전통적인 독일의 가옥들이 중세의 아름다움을 그대로 유지하고 있는 인구 1만 2천 명의 도시이다. 도시 한 귀퉁이의 높은 곳에서 보면 밑으로 타우버 강이 흐르고 있고, 마르크트 광장, 시청사, 야곱 교회당 등이 볼만한 곳으로 일정표에 나와 있다. 특히 시중심부에는 마르크트 광장이 있는데, 이곳은 언제나 관광객으로 붐빈다. 이 광장에 모인 사람들은 시의원들의 연회관 건물의 꼭대기 창문 두 개가 매시간 정각에 열리면서 벌어지는 인형극을 고개를 쳐들고 보게 된다. 인형극의 이야기는 30년 전쟁 당시 에스파냐 장군으로부터 커다란 포도주 한 통을 단숨에 마시면 시민을 학살하지 않겠다는 제안을 받고 시장이 포도주 한 통을 다 마셔 시민들을 구해냈다는 내용으로 되어 있다. 또 이 광장 부근에는 시청사와, 일 년 내내 각종 크리스마스 장식품을 파는 상점이 유명하다.

앞에서도 말했지만 나에게는 독일의 모습이 한결 같아서 1990년, 2008년 그리고 2011년인 올해 받은 인상이 별로 다르지 않았다. 이번 여행에서 만난 독일의 한 젊은이에게 독일 통일에 관해 몇 가지 질문을 해보니 상당히 긍정적인 대답을 들을 수 있었다. 통일 직후만 하더라도 서독 사람들은 동독 출신들을 '가난하고 게으른 오씨Ossi'라고 하고, 동독 사람들은 서독 출신들을 '거만하고 역겨운 베씨Wessi'라고 빈정댔다고 하는데 이 청년은 이것마저 지금은 농담으로 듣는다고 하면서 대수롭게 여기지 않는 표정이었다. 한 민족으로 언어와 문화가 같아서 별문제가 없다고 하였다. 일부 소수의 사람들이 통일 전의 체제에 향수를 가지고 있을지 모르나 대부분의 사람들이 특히 젊은이들은 행복하다고 대답하였다. 다만 통일 후 동독의 경제상태가 부담이 되어 1인당 국민소득이 4만 달러도 안 돼 오스트리아의 수준에도 못 미치는 것은 인정하였다.

로텐부르크에서 버스로 또다시 동쪽으로 한 시간 반가량 가면 제2차 대전 전범 재판으로 유명한 뉘른베르크에 도달하게 된다. 48만 명이라는 적지 않은 인구를 가진 이 도시의 외관은 공장, 연구소, 사무실 등이 계속 이어져 있어 평범하게 보였다. 그러나 골목길을 통해 대로 뒤쪽의 도심으로 들어가니 수많은 카페, 식당, 상점이 자리 잡고 있고, 특히 아름다운 강변에 자리 잡고 있는 카페나 식당은 모두 밖에 테이블을 가지고 있어서 삼삼오오 모인 많은 사람들이 밥을 먹거나, 차를 마시면서 담소하는 것을 많이 볼 수 있었다. 이런 광경은 독일의 모든 도시에서 볼 수 있었는데, 귀국하는 토요일 밤 서울의 밤거리는 수많은 노래방의 네온사인이 명멸하고 있어서 큰 대조가 되었다. 뉘른베르크 광장에는 개인의 바람을 빌면 그 바람을 들어 준다고 하는 19미터의 '아름다운 샘'이 있어 각자 소원을 빌고 오스트리아로 떠났다.

오스트리아의 검고, 짙은 높은 산들은 언제나 나에게 강렬한 인상을 주었다. 이번도 마찬가지다. 금년 여름에 많은 산사태를 겪은 우리는 오스트리아, 스위스, 독일의 산과 산림 관리에서 많은 것을 배울 필요가 있다. 우리가 감명 깊게 본 영화, 사운드 오브 뮤직의 배경지인 잘츠부르크는 독일에서

오스트리아의 호반의 도시, 세인트 길겐에 있는 모차르트의 가족관

오스트리아로 넘어와서 얼마 안 되는 곳에 있다. 도레미 송으로 유명한 미라벨 정원과 모차르트 생가가 있는 아름다운 도시이다. 이렇게 아름다운 도시 남쪽에서 히틀러가 태어났다니 도저히 믿어지지 않았다. 또한 잘츠부르크 근교에 있는 세인트 길겐은 아름다운 호수 지대로 모차르트가 다니던 교회와 그의 누나가 드나들던 카페, 그의 아버지 역시 바이올린 연주자로 가족박물관 등이 있는 곳이다. 화창한 날씨라면 유람선 타기와 케이블카 등정을 통해 주위의 빼어난 경관을 볼 수 있었는데 이번 여행에서 처음 만난 비 때문에 이 모든 것을 볼 수 없어 안타까웠다.

　오스트리아와 접경을 이루고 있는 슬로베니아는 1991년 유고슬라비아 공화국 연방을 탈퇴한, 인구가 200만이 조금 넘는 작은 나라이다. 2009년 현재 1인당 국민소득이 2만 3,000달러에 육박하는데도 불구하고 도로도 협소하고, 차들은 작고, 집들과 사람들의 옷도 수수해서, '서쪽의 부자 나라'로 알려진 4만 5,000달러의 오스트리아에 비하면 전체적으로 못하지만 아름다운 블레드 고성이 이러한 느낌을 말끔히 씻어버렸다. 블레드 고성은 높은 산언

슬로베니아의 블레드 고성

아름다운 플리트 비체 국립공원을 관광객들이 거닐고 있다

덕 위에 있는데 그 아래는 쪽빛 호수가 그림처럼 사방으로 펼쳐져 있어 아름
답기 그지없었다. 일설에 의하면 이곳을 방문한 김일성도 호반의 도시 블레
드에 매료되어 며칠을 묵었다고 한다.

　한 나라의 경제 상태를 설명하기 위해 1인당 국민소득을 지표로 내세우는
데는 분명히 문제가 있다. 빈부격차가 심한 경우에 이 지표는 별 의미가 없
다. 한 나라의 부가 소수의 부자들에게 집중되어 있고, 나머지 상당수의 국
민들은 하류층의 생활을 면하지 못하고 있을 때 평균적으로 나온 3만 달러,
4만 달러의 1인당 국민소득이 무슨 의미가 있겠는가? 다만 사용하기가 편하
고, 이번 여행처럼 짧은 일정 속에서 여러 나라를 방문하는 경우, 그 나라의
경제 상태를 대강만이라도 알려고 할 때는 이런 지표에 의존하는 것도 한 가

크로아티아의 플리트 비체 국립공원. 수많은 폭포가 특히 아름답다

지 방법인 듯싶다.

　다시 우리의 여행길로 돌아가 보면 슬로베니아에는 블레드 성과 블레드 호수만이 있는 게 아니었다. 현재까지 약 20km의 통로가 발견된 포스토이나 동굴도 많은 관광객이 방문하는 곳이다. 동굴 총통로의 5km 구간이 관람을 위해 개방되어 있다. 동굴열차를 타고 2km를 관람하고 가장 아름다운 1km 는 걸어서 관람한 후 다시 열차를 타고 돌아오는데, 관람에는 1시간 30분이 소요된다. 동굴 안의 온도는 평균 10℃이고 특히 1cm의 석회암이 쌓이는 데 100년이 걸렸다고 하니 이렇게 어마어마한 규모의 동굴이 형성되기까지 얼마나 많은 세월이 흘렀는지 상상이 가지 않는다.

　유고슬라비아는 1980년 티토 대통령이 사망한 후 집단 지도체제로 이행되

오스트리아 합스부르크 왕가의 쉔부른 궁전

었다가 1991년 슬로베니아, 크로아티아, 세르비아, 몬테네그로, 보스니아 헤르체고비나, 마케도니아와 같이 우리에게는 생소하게 보이는 6개국으로 분리되었는데 한때는 이들 국가 간에 인종 청소와 같은 용어가 나돌 정도로 극심한 민족 분규도 있었다. 이 중 슬로베니아와 크로아티아가 우리의 여정에 포함되어 있었는데 슬로베니아가 제일 먼저, 다음에 크로아티아가 유고슬라비아 연방을 탈퇴해서 독립하였다.

크로아티아 역시 인구가 450만 명밖에 안 되고, 1인당 국민소득은 11,500달러의 소국이지만 국토의 길이는 960km로 아드리아 해를 끼고 남쪽으로 길게 뻗어 있다. 크로아티아에는 플리트 비체라는 아름다운 국립공원이 있는데 이곳에는 16개의 호수가 다층으로 된 많은 폭포로 연결되어 있으면서 주위의 자연풍광과 함께 장관을 이루고 있다. 우리의 울릉도 역시 비경이 많은 아름다운 섬이기는 하지만 호수와 폭포로만 이루어진 플리트 비체는 물속의 수많은 물고기와 함께 또 다른 자연의 신비를 보여주고 있었다. 다만 유럽에서 몰려온 관광객과 인근의 이태리에서 온 여행객들이 아드리아 해의 해변으로 몰려가고 있었기 때문에 3시간 반의 극심한 교통체증을 만난 것은 무엇보다도 이 나라의 협소한 도로사정에 기인하므로 이 지역 관광의 큰 흠이라 아니할 수 없다.

결국 플리트 비체를 떠나 다시 북쪽으로 쭉 올라가 이 나라의 수도 자그레브를 거쳐 밤늦게 호텔에 도착했다. 이러한 지체는 다음 날 음악의 도시인 오스트리아의 빈비엔나에서도 여행 스케줄에 차질을 가져와 밤에 있을 예정이었던 음악회 참석은 엄두도 낼 수 없었다. 대신 슈베르트와 요한 슈트라우스의 황금동상이 있는 시립공원의 방문과 합스부르크 왕가의 영광을 보여주는 화려하며, 아름다운 쉔부른 궁전의 관람으로 위안을 삼을 수밖에 없었다. 현재 빈비엔나의 교포 수는 2,500여 명이고 이 중 1,500명이 음악을 공부하는 학생들이라고 한다. 빈에는 빈 국립 오페라하우스, 빈 교향악단, 빈 소년 합창단도 유명하고, 슈베르트, 베토벤, 모차르트, 하이든, 요한 슈트라우스, 브람스, 비발디 등 수많은 음악가들이 활동하던 세계 최고의 '음악의 도시'라는 데에는 이론의 여지가 없다.

빈비엔나은 '음악의 도시'이외에 '커피의 도시', 때로는 국제회의가 많이 열리기 때문에 '회의의 도시'라고도 한다는데 인구는 약 180만 명이라고 한다. 오스트리아의 인구 역시 800만 명밖에 안 되는데 이 작은 나라가 과거에 어떻게 그런 왕가의 번영을 누릴 수 있었나? 합스부르크 왕가는 전쟁과 정복으로 유럽의 각국을 오랫동안 지배한 것이 아니라 혼맥을 통해서 이러한 영광을 유지하였다. 이 영광의 가운데에는 마리아 테레지아라는 걸출한 오스트리아의 황후가 있었는데 그녀는 5남 11녀의 자녀를 두었으며 그 막내가 마리 앙투아네트이다. 합스부르크 왕가는 한때 독일, 스페인, 헝가리, 네덜란드를 지배했는데 특히 헝가리 왕가와는 두 자녀를 결혼시킴으로서 오스트리아-헝가리 합스부르크 왕조를 이룩하였다.

합스부르크 왕가는 언제나 프랑스의 부르봉 왕가와 쌍벽을 이루면서 유럽의 역사에서 경쟁관계에 있었는데 결국 마리 앙투아네트를 루이 16세와 결혼시키는 데 성공함으로써 프랑스마저 견제하는 데 성공했다. 여자의 왕위 계승을 금하고 있었던 당시의 오스트리아에서 마리아 테레지아는 실질적인 권력을 가지고 40년 동안 왕가를 통치하였다. 합스부르크 왕가는 프랑스의 베르사유 궁전보다 더 아름답고 화려하게 왕가의 여름 궁전인 쉔부른 궁전을 지으려고 했는데 베르사유는 정원을 궁전 아래에, 쉔부른은 정원을 궁전 위에 만든 것이 큰 차이라고 한다. 빈에는 슈테판 성당, 시청사, 국회의사당에도 관광객들이 끊이지 않고 있었다.

　동쪽에서 서쪽으로 가면 서양의 느낌이, 서쪽에서 동쪽으로 여행하다 보면 동양의 느낌이 난다는 의미에서 헝가리는 예로부터 동양과 서양의 만남의 장소로 알려져 왔다. 빈을 떠나 헝가리에 도착해서 부다페스트의 전망을 보기에 가장 좋은 겔레르트 언덕에 올랐다. 다뉴브도나우 강을 사이에 두고 언덕이 많은 구시가지 부다와 평야로 이루어진 신시가지 페스트가 조화를 이루어 인구 200만의 아름다운 부다페스트가 눈앞에 펼쳐졌다. 청명한 날씨 때문이기도 하지만 정말 아름다운 도시라고 하지 않을 수 없다. 신시가지는 파리를 모델로 도시계획을 세워 방사선처럼 뻗어나가도록 설계했지만 부유층은 구시가지인 부다의 언덕에 많이 살고 있다고 한다. 교포는 약 1,000명

아름다운 부다페스트 시내 전경

에 이르고 이 중 800명은 현지 주재원의 가족이라고 한다.

　겔레르트 언덕의 정상에는 야자수 잎을 쥐고 있는 자유의 여신상이 높게 서 있는데 이것은 2차 대전 때 러시아군이 나치로부터 헝가리를 해방시켜준 후 '우리가 너희에게 자유와 독립을 주었노라'라는 뜻에서 헝가리로 하여금 만들게 해서 세워졌다는 것이다. 그런데 1956년 공산당의 독재와 공포정치, 그리고 구소련의 억압에 저항해서 학생, 시민, 노동자들이 스탈린의 동상을 파괴하고 헝가리 의거를 일으킨 것을 구소련이 1,000대의 탱크와 15만의 군대를 투입해서 무자비하게 진압한 것은 아이러니라고 하지 않을 수 없다. 부다페스트에는 어부의 요새, 마차시 교회, 영웅광장 등 볼 것이 많지만 관광의 백미는 역시 다뉴브 강을 따라서 바라보는 부다페스트의 아름다운 야경이라고 할 수 있다. 어떻게 그렇게 건물마다 조명을 잘해 놨는지 감탄을 금할 수 없다.

　남한의 면적에 인구 1,000만을 가진 헝가리의 경제 상태는 어떠한가? 개

헝가리의 수도. 부다페스트의 야경

방화 이후 '헝가리는 헝그리 하지 않다'는 말이 나올 정도로 자본주의 수용이 빠르고, 한때는 경제의 민간 부문이 국내 총생산의 80%를 차지함으로써 '구동구권의 우등생'이라고도 불리었으나, 2004년 유럽연합ᴱᵁ 가입 이후에는 1% 정도의 성장률밖에 올리지 못했고, 인플레이션은 심하고, 실업률은 높고, 빈부격차는 심화되었다고 한다. 1인당 국민소득은 13,700달러로 낮은 액수는 아니지만 인구의 상당수가 보수층이라 경제가 악화될수록 구체제를 그리워하는 사람도 상당히 많다고 한다. 또 극소수지만 한때 유럽의 중심에 서 있던 오스트리아—헝가리 제국을 그리워하는 사람도 있다고 한다.

　부다페스트에서 폴란드로 올라가는 길에 만나게 되는 또 하나의 생소한 나라가 슬로바키아이다. 이번 여행에서 처음으로 알게 된, 한편으로는 이해가 되지도 않고, 또 한편으로는 안타깝게 느낀 경우가 체코와 슬로바키아의 분리에 얽힌 이야기이다. 체코와 슬로바키아에 사는 사람들은 같은 슬라브 민족이며 언어도 동일하지만 기질과 성향이 달라서 분리, 독립했다는 것이다. 슬로바키아 사람들은 기질이 조금 과격하지만 체코슬로바키아의 정치 무대에서 언제나 열세 집단이었고, 변방에 머무르는 처지였다고 한다. 그래서 정치인들이 앞장서서 분리를 주도하고 결국 독립함으로써 두 나라의 분리에는 정치적인 요인이 크게 작용했다고 한다.

　그런데 한 나라가 두 나라로 분리된 더 큰 요인은 체코는 독일의 영향을 많이 받아왔고, 슬로바키아는 오스트리아—헝가리 영향을 오랫동안 받아오면서 생긴 문화적 차이라고 보는 견해도 있다고 한다. 그래서 1992년 국민투표에 붙인 결과 분리를 찬성하는 비율이 90% 이상 나와서 1993년 1월 1일부로 체코와 슬로바키아는 각각 분리, 독립했다고 한다.

　산악지대가 많은 슬로바키아는 남한 절반 정도의 면적에 인구는 550만 명이고 1인당 국민소득은 13,800달러이다. 반면에 체코는 1,020만 명에 17,000달러의 1인당 국민소득을 가지고 있다. 말하자면 체코슬로바키아는 합의 이

혼해서 체코와 슬로바키아의 두 나라가 된 셈이다. 나는 슬로바키아와 폴란드의 국경을 넘으면서 '아 이런 일도 있다니…….' 하고 생각하면서 한반도에서 현재 별거 상태에 있는 남·북한의 처지를 떠올리고는 착잡한 감정에 휩싸이지 않을 수 없었다.

이번 여행에서는 국경을 넘나드는 일이 많았는데 동구권 국가들의 국경을 지날 때는 검색원이나 군인들의 태도가 상당히 고압적인 경우를 많이 볼 수 있었다. 특히 관광버스 기사에게 소리치거나 대하는 태도에도 거친 면이 있었다. 수년 전까지만 해도 국경을 지날 때는 수비병이나 검색원에게 담배나 술을 건넸다고 했는데, 요즘은 그런 관행은 없어졌다고 한다. 그래서 그런지 지금도 경비병이 버스에 올라 여권을 검사할 때는 약간의 긴장감을 느끼지 않을 수 없었다. 물론 독일과 오스트리아에서는 그런 권위주의적인 행태는 볼 수 없었다. 이제 주로 산악지대로 이루어진 슬로바키아를 지나 폴란드의 옛 수도인 크라카우크라쿠프로 향하면서 체제 전환 후에도 남아있는 사회주의 잔재들을 생각해 보면서 세계가 많이 변했음을 실감할 수 있었다.

퀴리 부인, 쇼팽, 요한 바오로 2세, 그리고 바웬사의 나라인 폴란드의 인구는 3,880만 명으로 이제까지 본 동구권의 국가 중 가장 인구가 많으며, 면적도 한반도의 1.4배, 남한의 3배이며 1인당 국민소득은 11,000달러로 그렇게 높지는 않았다. 그러나 국토의 면적도 큰 데다 유용면적도 90%나 돼 경제적으로 상당히 잠재력이 큰 나라이다. 옛 수도였던 크라카우크라쿠프는 교육, 문화, 관광의 도시로 현재의 수도인 180만의 바르샤바에 비해 75만 명의 인구를 가지고 있다. 크라카우에 오면 천당과 지옥을 볼 수 있다는 말이 있는데 천당은 소금광산이고 지옥은 바로 유대인의 학살 장소가 있는 아우슈비츠를 말한다.

소금은 단지 짠맛이 나는 결정체일 뿐만 아니라 아주 옛날에는 화폐의 역할도 함으로써 인류발전에 크게 기여한 물질인데 크라카우에서는 700년의 역사를 가진 소금광산을 구경하였다. 우선 광산의 입구에서 관광객들이 줄을 서서 지하로 378계단을 내려가서 예전에 광부들이 작업하던 각가지 모습들을 볼 수 있는데 바닥, 천장, 벽 등 모든 것이 소금으로 되어 있었다. 지하의 소금 광산에는 현재 커다란 연회장, 교회, 카페, 식당, 심지어는 결혼 예식장까지 구비하고 있었다. 관광객들은 더 밑으로 내려가 지하 200미터에서 리프트를 타고 지상으로 순식간에 올라오게끔 되어있다. 예전 지하의 소금광산에는 말들도 데리고 내려가서 작업을 했는데, 내려간 말들은 작업에 지쳐서 죽거나, 노쇠해 죽어서나 지상으로 올라올 수 있었다고 하니 말들에게 소금광산은 분명 지옥이었을 텐데 왜 소금광산을 천당이라고 했는지 이해가 가

지 않았다. 이것은 아마도 크라카우에서 멀지 않은 아우슈비츠의 참혹함과 비교해서 상대적으로 천당이란 호칭을 부쳤다는 생각도 들었다.

다음 날 구름이 잔뜩 낀 오전에 크라카우로부터 도착한 아우슈비츠는 분명 지옥이었다. 아우슈비츠의 정

소금광산 내부에 있는 교회 제단

폴란드의 크라카우에 있는 소금광산의 내부

문 아치에서 볼 수 있는 Arbeit Macht Frei(노동은 자유를 만든다)라는 독일어의 팻말에서 나는 유대인의 노동력을 잔혹하게 착취하려는 나치의 간계를 금방 간파할 수 있었다. 왜 아우슈비츠인가? 크라카우에서 40여 분 떨어져 있는 현지 지명은 오슈비엥침(Oswiecim)인데 아우슈비츠는 유럽 어디에서나 접근이 용이한, 한가운데에 위치해 있었고, 무엇보다도 농촌 지역으로 인적이 드물어 유대인들을 대량 학살하기에 안성맞춤의 장소이었다. 지금도 아우슈비츠에는 유럽 각지에서 유대인들을 실어 나른 기차의 철로길이 남아 있었다. 아우슈비츠에서는 당시의 수용소의 모습을 재현해 놓은 10여 개 동의 박물관과 굴뚝이 있는 가스실, 총살이 집행되었던 장소, 생체 실험실 등을 볼 수 있었다. 유대인들이 주장하듯 나치에게 살해된 유대인들이 육백만인가 또는 일

철조망으로 둘러져 있는 아우슈비츠 감옥소

부 학자들이 말하는 삼사백만 명인가 하는 논쟁은 쓸데없어 보였다.

유대인들이 수용소에 도착하면 선별작업이 시작되고, 노동력이 없는 노인, 장애인, 유아들은 가스실로, 노동력이 있는 유대인들은 수용소에서 혹독한 작업에 동원되다가 그마저 영양실조로 쓰러지면 가스실로 대부분 옮겨져 살해되었다. 가스실에 60여 명씩 집어넣고, 문을 잠근 후 출입문에는 비명이 들리지 않도록 오토바이 시동을 켜놓고 지붕 위로 올라가 구멍 속으로 가스를 유입시켜 학살했다고 한다. 박물관에는 살해당한 유대인들이 남겨놓은 가방, 안경, 이빨, 신발, 머리카락 등을 모아놓은 엄청난 양의 무더기들이 당시의 참상을 그대로 보여주고 있었다. 독일에 대한 폴란드인들의 증오, 분노, 원한은 어느 정도일까? 놀랍게도 독일보다는 러시아에 대한 증오가 더 크다고 한다. 1970년에 독일의 브란트 수상은 무릎을 꿇고 사죄했으며, 80년대에 콜 수상도 용서를 빌었는데, 그에 반해 러시아는 그동안 폴란드에 대한 잔학 행위는 물론 최근에 알려진 폴란드의 사회지도층 22,000명의 카틴 숲 대학살에 대해서도 국가적인 사죄가 없기 때문이라고 한다.

유대인들에 대한 히틀러의 개념형성이 어디서부터 시작되었는지에 대해서는 여러 가지 설이 있다. 우선 당시 30% 이상 치솟던 실업률, 유대인의 직업과 재산을 뺏음으로써 희생양의 효과와 독일로 자금이 유입되리라는 기대감을 반영하는 경제적인 요인이 가장 많이 거론된다. 그 외에 공무원의 아들로 태어나 화가를 꿈꾸고 미대에 응시했으나 두 번에 걸쳐 낙방, 자존심에 큰 상처를 입었는데 당시 7명의 감독관 중 4명이 유대인이었다는 설과 함께 친모를 치료한 의사가 유대인이었는데 나중에 친모가 사망했다든가, 심지어는 예수를 처형하게끔 한 사람들이 유대인들이었기 때문이라는 등 여러 가지 이야기가 있다. 실험대상을 통제할 수 있는 자연과학과는 달리 사회과학의 설명에는 한계가 있다. 베버가 권고한 감정이입의 방법을 써서 이해하려고 해도 히틀러와 당시 이 학살을 주도한 하인리히 히믈러가 스스로 고백한 기록이 없는 한, 그들의 머릿속과 마음속을 정확하게 헤아릴 수가 없어서 안타까웠다.

아우슈비츠의 희생자 속에는 유대인이 아닌 폴란드인 정치범들도 다수 있었다고 한다. 폴란드인들은 독일의 침공에 맞서 63일간 끈질긴 저항을 했는데 이에 대노한 히틀러는 바르샤바를 불바다로 만들라고 해서 당시 시가지

폴란드의 아우슈비츠에 남아 있는 유대인들의 신발

남녀노소의 유대인들이 열차에서 내리는 광경을 찍은 사진

의 80%가 파괴되었다고 한다. 결국 저항군도 다수 아우슈비츠로 끌려와 살해되었음은 말할 필요도 없다. 이곳에 오기 전 슬로베니아의 한 호텔에서 나는 이스라엘에서 온 부부와 장시간 말할 기회가 있었는데 지금 이스라엘에 가장 적대적인 중동의 나라는 어디인가라는 질문에 그들은 이란, 시리아의 순서로 대답하였다. 이스라엘의 인구를 4, 5백만으로 알았던 나의 잘못된 지식을 7백만으로 고쳐주면서 북한의 호전성을 걱정해주던 그 유대인 부부를 생각하면서 나는 아우슈비츠를 떠났다. 체코로 향하는 버스에서 제2차 대전 중 폴란드 유대인들의 고난을 그린 '피아니스트'란 영화를 다시 한 번 보았는데 예전과는 또 다른 느낌이었다. 69년에 아내가 살해되는 비극에 이어 70년대 중반에는 그 자신이 불미스러운 사건으로 미국에서 추방되다시피 유럽으로 도망간, 로만 폴란스키가 그렇게 좋은 영화를 만든 것이 조금은 아이러니하다고 생각했다.

체코의 프라하는 구시가지 전체가 유네스코 보존지역으로 한 마디로 시 전체가 예술품이라 할 수 있다. 프라하에 대한 관광은 저녁과 그 다음 날 오전까지 두 번에 걸쳐 이루어졌는데, 프라하 성이나 두 개의 첨탑이 인상적인 성 비트 대성당과 블타바몰다우 강의 카를교 등은 다채로운 조명을 받아 아름답기 그지없었다. 물론 두 도시가 각각 다른 색깔을 가지고 있었지만 내게는 프라하가 부다페스트보다 더 아름답게 보였다. 보도는 물론 일부 차도마저 모두 돌로 깔려 있어 관절에는 좋지 않다는 이야기가 있지만 정말 아름다워

체코의 수도 프라하,
거리의 대부분이 돌로 깔려 있는 것이 인상적이다

몰다우 강에서 본 체코의 수도, 프라하

보였다. 건축물 자체도 아름답지만 오랫동안 잘 보존되어 있는 것도 놀라울 뿐이다. 프라하의 봄과 벨벳 혁명으로 유명한, 길게 펼쳐진 바츨라프 광장도 멋있어 보였다. 체코에는 프라하 이외에 도시 전체가 유네스코 세계문화재로 지정된 체스키 크룸로프도 있다. 안동의 하회마을처럼 도시의 중심부를 말굽 모양의 강이 휘감으면서 안과 밖의 가옥과 건물들의 붉은 지붕이 중세 그대로의 모습으로 보존되어 있었다.

앞에서 체코와 슬로바키아가 한 나라에서 두 나라로 나누어진 것을 설명하였는데 프라하를 보고 난 후 두 나라의 분리가 또다시 생각났다. 슬로바키아인들은 이 아름다운 프라하를 어떻게 포기할 수 있었는가? 같은 동포로

도시 전체가 유네스코 문화유산으로 지정되어 있는
체코의 체스키 크룸로프

서 푸대접을 받은 슬로바키아 지역의 사람들의 상처가 그렇게 컸단 말인가? 투표에 의해서 공정하게, 갈등 없이 분리되었다고 하는데 슬로바키아인들이 프라하와 체스키 크롬로프에 대해서 어떻게 생각하고 있을까? 내가 슬로바키아인들을 만나보지 못해서 알 수는 없지만 그렇게 아름다운 문화적 유산이 슬로바키아에 없음을 굉장히 아쉽게 생각하고 있을지 모른다. 슬로베니아서부터 체코에 이르기까지 이제까지 돌아본 과거 사회주의 체제의 도시들이 아름답게 보존된 까닭을 내 나름대로 생각해 보았다. 우선 도시에 생산 활동과 관련된 공장이나 시설이 없고, 경쟁이 치열하지 않고, 주민의 이주나 이동도 통제를 받고, 삶의 속도도 빠르지 않아서 자연히 변화가 적은 것이 옛 모습을 많이 보존하게 된 주요 요인이 아닐까 생각해 보았지만 단순히 나 혼자만의 추측일 뿐이다.

동구라파의 여러 나라에서 비교적 오랫동안 살아본 현지 안내원들의 말을 종합해 보면 지난 20년 동안 자본주의 체제로 전환한 이 나라들은

야경이 아름답고 낭만적인 다리라고 하는 프라하의 카를교

프라하의 구시가지 광장에 모여든 관광객

구소련에 저항하기 위해 군중들이 모였던 바츨라프 광장

자국의 기업체들이 눈에 띄게 육성되지 못한 상태에서 외국자본을 받아들여 경제활동을 그런대로 유지해 왔다고 한다. 사람들은 비교적 여유로운 시간을 좋아하고, 소비성향이 높고, 여가에 돈을 많이 쓰는 경향이 있다고 한다. 그런데 세계 경제가 악화되면서 경제 침체에다 실업률도 높아지고, 빈부 격차도 심해지자 소수이기는 하지만 구체제나 옛날을 그리워하는 사람들이 생겨났다고 한다. 특히 체제가 바뀐 후 20년이 지난 지금도 경쟁의식이 강하지 않고, 팁을 받아도 더 잘해야 한다는 생각보다도 당연히 받는 것으로 알고 있고, 서비스 정신도 강하지 않다고 한다. 그리고 사회주의적 사고방식이 강하게 남아 있는 사람일수록 국가가 개인을 보호해 주었다고 생각하는 옛날을 은근히 그리워한다는 것이다.

이제 12일간의 여행을 마치고 서울로 돌아가기 위해 다시 독일의 뮌헨으로 왔다. 그리고 귀국하는 비행기에 오르기 전에 나는 '동구(東歐)여 영원하라'고 마음속으로 기원하고 있었다. 이 나라들은 폴란드를 제외하고는 모두 천만을 넘지 않는 인구에, 자원도 많지 않고, 사회주의 잔재도 남아 있어 조직력도 갖추지 못하고 있다. 강대국이 될 수 있는 조건이라고도 할 만한 인구, 자원, 조직력에서 눈에 띄게 뛰어난 나라는 없었다. 때로는 만만해서, 때로는 열강의 권력 게임 속에서 줄을 잘못 서기도 하고, 또는 제국의 야욕 때문에 침략당하고, 억압받고, 심지어는 망국의 설움을 겪기도 했지만 자유화, 개방화 이후 20년이 지난 지금 이러한 앙금과 한은 조금씩 씻기고 있었다. 과거의 유고슬라비아나 체코슬로바키아를 생각할 때 당사자들이 아닌 입장에서는 이 나라들이 분리 또는 분열된 것처럼 보이지만 정작 자신들은 분명히 일그러지거나 비뚤어진 역사를 바로잡아 오랜만에 제자리를 찾았다고 생각할 것이다. 그래서 나는 이 상태로 이 나라들이 영원히 번영할 것을 기원하고 있었던 것이다.

그리고 이제 겨우 남·북 분단이라는 우리의 현실에 대한 막연한 추측도 해

볼 수 있을 것 같은 생각도 들었다. 비대칭의 핵무기를 가지고 서울을 불바다로 만들어 버리겠다고 아무리 위협을 해도, 심지어는 최악의 사태가 일어난다고 해도 역사가 일시적으로 비틀어질 수 있을지는 몰라도 그러한 상태가 영원히 지속될 수는 없다. 남쪽도 흡수통일을 해야겠다고, 또 할 수 있을 것이라고 북한을 자극할 필요도 없다. 5년 후에 통일이 갑자기 오게 될지, 20년 후가 될지 또는 그 후에 겨우 남·북한이 합치게 될지, 누구도 통일이 언제 될지는 모른다. 그러나 통일이 된 그 시점부터 20년 후 북한 동포들의 마음과 의식이 어떠하리라는 것은 어렴풋이 유추할 수 있다. 따라서 한편으로는 그러한 마음과 감정을 추슬러 주고, 또 한편으로는 삶의 질을 높여주고, 삶의 기회를 확대시켜줄 수 있는 쪽이 결국 물꼬를 틀 수 있고, 그 힘을 몰아서 한반도의 장래를 이끌고 나가리라는 것이 이번 내가 동구라파를 처음 방문하고 돌아와서 내린 결론이다. '통일이 되어 진정한 평화가 시작된 후 한반도여 영원하라'고 외치고 싶었다. 한반도에서 제발 체코와 슬로바키아와 같은 불행한 경우가 되풀이되지 않기를 간절히 바라면서, 그리고 통일을 이룩한 독일을 부러워하면서 귀국행 비행기를 기다리고 있었다.

2011. 8. 25

책을 끝내면서

    세상을 살다 보면 별의별 경험을 다 하게 되는데 내가 여행기로 책을 펴내게 된 일도 그 가운데 하나이다. 젊었을 때부터 여행을 좋아한 것도 아니고, 교직에 있으면서 여행을 자주 한 기억도 없고, 정년을 하기 전에 여행에 관해 특별히 계획을 세운 것은 더더욱 아니다. 만일 이런 계획을 어렴풋이라도 가지고 있었더라면 1960년대 말부터 10년 넘게 살았던 미국이나 1980년대 말에 두 학기를 보냈던 영국에서부터 이야기를 풀어갔을지도 모른다. 정말 책으로 보는 나의 여행 기행문 때문에 나는 새삼스럽게 지나간 내 인생에서 일어났던 일들을 회상해 보지 않을 수 없다.

    우선 내가 대학교 2학년을 맞아 여름방학 때 친구와 떠났던 호남과 영남의 몇 곳을 둘러본 기억이 새롭다. 당시 서울대 법대에 재학 중이던 양재덕과 군산, 익산, 목포, 부산, 진주, 대구를 여행한 것이 나의 인생에서 최초로 경험한 여행이었다. 친척집과 친구들을 찾아다닌 여행이었다. 이 여행은 친구의 주도로 이루어졌기 때문에 나는 지금도 그에 대해 고마움을 가지고 있다. 그다음에는 대학 3학년이 되기 전에 대전에서 공군 사병으로 복무하면서 타의에 의한 객지생활이 3년 동안 지속되었다. 저녁에 군용열차를 타면 6~7시간이 걸려 새벽녘에 용산역에 도착하던 시절이었으니 거의 50년 전의 일이다.

    2년 반 동안의 신문기자 생활을 거쳐 1969년 8월 23일 미국 유학길에 오르기 위해 첫 비행기를 탔을 때의 감동도 한순간, 하와이에 도착해서 마중 나온 친구 신용석과 신문사 후배이며 서울대 교수였던 故심재룡과 함께 와이키키 해변을 거닐었을 땐 꿈만 같았다. 어디 이뿐인가. 로스앤젤레스에서 친구 윤정환의 형인 윤경민 형님 댁에서 첫 밤을 보내고 푸른 하늘과 쭉쭉 뻗은 야자수를 보면서 별세계에 온 듯 싶었다. 1981년 다시 서울로 돌아오기 전 유럽으로의 첫 나들이에서 나는 짧은 역사를 가진 미국 문화에서는 맛볼 수 없는 진한 감동을 경험했다.

귀국 후 중앙대에서 재직 중에 한·영협회 초청으로 영국 케임브리지 대학에서 두 학기 동안 연구 교수로 있으면서 경험했던 영국 생활 또한 잊을 수 없다. 당시 옥스퍼드에는 후배인 한양대의 김두섭 교수가 있으면서 양 캠퍼스를 서로 오고 가던 일이며, 석학인 안소니·기든즈의 강의와 세미나에 참석하고, 또 나중에 그가 한국에 왔을 때 서로 반갑게 만났던 기억 등은 이것저것 배워 보려고 노력했던 50대 초반에 모두 이루어진 일들이었다. 또한 1991년 김영모, 송복 두 교수님을 비롯한 한국사회학회 사회학 교수 10여 명이 중국의 각 도시를 여행할 때 총무로서 뒷바라지했던 일들도 빼놓을 수 없다.

인생이 황혼기에 접어들면 건강과 할 거리와 인간관계 등 관계가 중요하다고 누군가 말한 적이 있는데 이런 면에서 아직은 다행이라고 생각한다. 특히 이 책을 마무리 지으면서 이 나이가 되도록 연구소에 나올 수 있도록 배려해준 신광영 교수 이하 중앙대 사회학과의 후배 교수들에 대한 고마움을 잊을 수가 없다. 그리고 일주일에 3~4일 오후에 연구소에 나오게 되면 이것

저것 챙겨주는 대학원 박사과정의 박선영, 이지원 대학원생에게도 이 책이
끝나기 전에 특별한 고마움을 전하고 싶다.

흑석동 중앙사회학연구소에서

2014년 10월 30일

사회학자의 눈에 비친 먼나라 이웃나라

지구촌 문화의 빛과 그림자

초판 1쇄   2014년 11월 25일

지은이   이효선
발행인   김재홍
디자인   박상아, 고은비
교정·교열   안리라
마케팅   이연실

발행처   도서출판 지식공감
등록번호   제396-2012-000018호
주소   경기도 고양시 일산동구 견달산로225번길 112
전화   02-3141-2700
팩스   02-322-3089
홈페이지   www.bookdaum.com

가격   15,000원
ISBN   979-11-5622-044-2 03900

CIP제어번호   CIP2014029746
이 도서의 국립중앙도서관 출판시 도서목록(CIP)은 e-CIP 홈페이지 (http://www.nl.go.kr/ecip)에서 이용
하실 수 있습니다.